F. CADIC

Directeur de la Paroisse Bretonne de Paris

LES BRETONS

CONSIDÉRATIONS SUR LEUR PASSÉ ET LEUR SITUATION PRÉSENTE

DÉPOT : 9, RUE DE BAGNEUX, PARJS

Pris: 0 fr 60; par la Poste, 0fr75

(Se vend au profit des Œuvres de la Paroisse Bretonne

AURILLAC
IMPRIMERIE MODERNE
6, rue Guy de Veyre, 6

1902

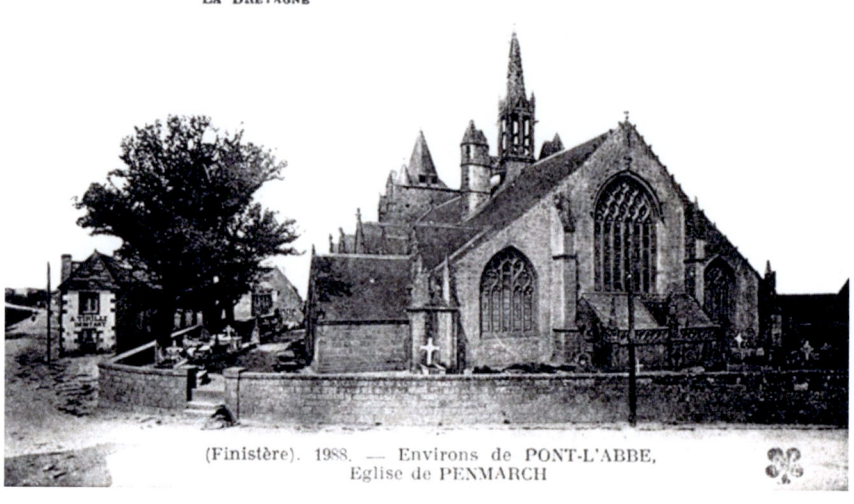

(Finistère). 1988. — Environs de PONT-L'ABBE,
Eglise de PENMARCH

49 DOL-de-BRETAGNE (I.-et-V.) - La Cathédrale - Le Grand Chapitre

OUVRAGES DÉJÁ RÉÉDITÉS

La Bretagne Vivante – Édition BoD – 2012
Fêtes et Coutumes Populaires – Édition BoD – 2012

PRÉSENTATION

****

Cet opuscule consacré aux Bretons de Bretagne ou émigrés vers d'autres cieux est un ouvrage que chaque Breton se doit de posséder. C'est une petite partie de leur histoire qui fait partie intégrante de leur patrimoine culturel.

C'est pour ces différentes raisons que j'ai décidé de rééditer cet ouvrage, qui n'est certes pas exhaustif, mais instructif.

Au fil de la lecture, les Bretons des nouvelles générations auront une petite notion de ce que leurs ancêtres ont subi, notamment ceux qui ont émigré vers la capitale.

Ces émigrés, tout comme ceux des autres provinces, croyaient que Paris était le nouvel Eldorado. Mais bien vite c'était la désillusion. Tous ces émigrés n'osaient pas retourner dans leur province de peur des moqueries de ceux restés au « pays ». Leur fierté était la plus forte, plutôt en « baver », que subir les railleries. On n'ose pas avouer ses désillusions et ses échecs, ce serait faire preuve de faiblesse.

Toutefois, il vaut mieux émigré vers Paris que vers une autre province. A Paris il y a un tel brassage de populations venues de tous les coins de France, que l'on passe inaperçu; mais alors de province vers une autre ; c'est une autre histoire ! je sais de quoi je parle.

J'ai émigré de Lorraine vers la Champagne et je peux dire que l'accueil qui m'a été réservé n'a pas été des plus chaleureux, contrairement à la Bretagne où je vis actuellement. Là, je peux dire que j'ai été très bien accueilli et aidé.

Maintenant je vous souhaite une bonne lecture.

Jean-Paul KURTZ

PRÉFACE

****

Décentralisons ! Le mot est à la mode et il n'est pas une tribune où il ne retentisse, il marque une faillite de plus à l'actif des bâtisseurs chimériques de 1789. Un siècle est à peine écoulé, et voici que dans leur édifice de carton, l'eau du ciel pénètre partout, des lézardes se produisent, la pièce fondamentale se détache. On en a assez de la centralisation et de la dictature exercée par Paris. Quoi d'étonnant !
Quand on serre trop les ressorts d'une machine, elle éclate; quand on violente les traditions d'un peuple, tôt ou tard il proteste, et le bruit de ses revendications couvre la voix des puissants.
Aujourd'hui, d'un bout de la France à l'autre, l'accord est unanime : Revenons, dit-on, à la vie provinciale; rentrons dans le cadre local que la Nature nous a créé.
C'était vraiment, en effet, une merveille que cette
France des temps jadis, où les hommes de la Révolution ont tant promené la hache et la sape. Évêques et chefs d'État l'avaient formée « *comme les abeilles font leur ruche.* » Chaque portion de l'ensemble jouissait de son autonomie, chaque unité se gouvernait d'après ses us et coutumes. C'était un fourmillement de vies particulières dans un corps robuste. Au-dessus, l'image de la plus grande France planait.
L'entente générale se retrouvait en face de l'étranger; et lorsque, vers les frontières, les têtes de colonnes ennemies apparaissaient, un élan unanime entraînait les provinces à la défense du territoire.
De cette France qui semble gisante sous les décombres, l'âme pourtant n'est pas morte. Interrogez les hommes du peuple. Chez eux, rien des conceptions vagues et générales des hommes de théorie et des Intellectuels patentés. A l'exception de quelques pauvres cervelles, nourries des doctrines creuses des orateurs de club, l'idée particulariste domine chez tous. Ils sont bien toujours Bretons, Gascons, Auvergnats, Limousins, Savoisiens, les fils des vieux Gaulois, des hommes de clan. Pour eux, le clocher paroissial est le symbole de la Patrie et le Saint de la paroisse est le premier après Dieu.

Pourquoi dès lors ne pas les rendre à leur vie propre? Pourquoi contraindre leurs aspirations? Il conviendrait vraiment que tous tes hommes de cœur, tous ceux qui ont conservé l'amour de la Patrie, se missent à l'œuvre avec ardeur.

Comme étude préliminaire ce serait, semble-t-il, une excellente chose de rechercher d'abord quelles ont été, dans le passé, les actes authentiques et les titres de gloire de chaque province, quelle est, dans le présent, la mission qui lui est réservée, quelles sont les questions dont elle se préoccupe, les maux dont souffrent ses enfants et les conditions qui leur sont faites dans l'existence.

Nous avons essayé de le faire pour le plus original, le plus vivant de nos groupes provinciaux, pour la Bretagne !

Plaise à Dieu que ces considérations un peu hâtives et nécessairement incomplètes servent la cause de nos compatriotes d'Arvor, et en particulier de ceux qui luttent au loin, aux prises avec les nécessités de la vie! Plaise à Dieu qu'elles profitent aussi à l'œuvre, qui nous est chère entre toutes, de la Décentralisation !

LES BRETONS

****

PREMIÈRE PARTIE

****

LA BRETAGNE DANS LE PASSÉ

LA RACE ET SON HISTOIRE

CHAPITRE PREMIER

Les Bretons et leur famille : la famille Celtique

Vers l'extrémité occidentale de l'Europe, il existe des régions où la nature semble à dessein avoir ménagé un abri pour un peuple prédestiné. Péninsules au sud, îles au nord, elles sont là avec leurs côtes âpres et déchiquetées comme un perpétuel défi jeté à la tempête. Nuit et jour, la brume les enveloppe à la façon d'un linceul. Je ne sais quoi de mélancolique y plane au-dessus du paysage.

Galice, Bretagne, Irlande, Écosse, Pays de Galles, tels sont les noms de ces régions.

La légende et la poésie y ont élu domicile. Ici, en Galice, c'est l'antique terre des *Occismiens* où s'ouvre l'entrée des Enfers. Là, en Bretagne, au bout de l'éperon géant de la pointe du Raz, c'est la *Baie des Trépassés*, l'Ile de *Sein* d'où le collège des Druidesses présidait à la tempête, l'abîme où git la ville d'Is, noyée pour ses forfaits, Plus au nord, en Irlande, c'est l'*Enfer de Saint-Patrick*; en Écosse, le *gouffre d'Iona*, par où les esprits mauvais remontent sur la terre; dans le pays de Galles enfin, c'est le *mont Snowodon*, mont sacré des poètes, sur lequel le roi Arthur de la Légende tenait ses assises.

Partout la, nature semble dire à l'étranger : Ne pénètre pas ici; cette rude terre n'est pas pour toi; — et à l'homme du pays : Considère ces îles et ces presqu'îles, jetées comme des chaussées à travers l'océan. Elles t'invitent à passer d'un continent à l'autre et te facilitent le trajet. Suis-les, va même plus loin, et sois de par le inonde l'apôtre de l'*Idée*.

Apôtres de l'Idée, mais plus particulièrement de l'*Idée Chrétienne*, de l'*Idée de Patrie*, de l'*Idée Loyaliste*, tels sont bien en effet les habitants de ces régions.

Par un heureux hasard, la mer, qui d'ordinaire est un fossé de séparation entre les hommes, a établi ici entre eux le trait d'union, Dans chacune de ces îles et de ces presqu'îles, on rencontre les fils d'une même race, des rameaux détachés du *tronc celtique*. On en trouve en Galice, où, au VIème siècle, on employait encore la langue bretonne, en Cornouailles anglaise, où le dernier représentant de l'idiome national s'éteignait vers 1778; on en trouve en Écosse, où 300 000 Highlanders du nord-ouest s'expriment encore en Gaëlique, dans le Connaught en Irlande, où l'anglais n'a pas su pénétrer; on en trouve enfin au pays de Galles, où 1 500 000 hommes sont restés fidèles au Cambrien, en Basse-Bretagne, où 1 350 000 de nos frères conservent le parler des ancêtres.

Admirable ténacité d'une race ! L'invasion Anglo-Saxonne en Grande-Bretagne l'a disloquée : l'influence des peuples voisins que les liens du sang unissent à elle, en France et en Espagne, l'a quelque peu pénétrée, elle n'en est pas moins demeurée fidèle à sa vocation.

Suivez-la plutôt à travers l'histoire. La voici en Espagne, Sous la poussée des légions musulmanes, la domination des Wisigoths vient de s'écrouler comme un château de cartes; sous les voûtes de la cathédrale de Tolède, le dernier Alléluia s'est éteint dans un sanglot et la nuit noire de l'Islam enveloppe la péninsule, de Gibraltar aux Pyrénées, Toutes les provinces ont courbé la tête sous le joug, à l'exception d'une seule : la Galice. Or ce sont les *Celtes de la Galice* qui vengeront la cause nationale, le héros Pélasge à leur tête.

Quand à sept siècles de là, le Sarrazin, rejeté de sierras en sierras, franchira de nouveau le détroit pour retourner au désert africain, les Galiciens pourront se vanter à bon droit d'avoir été les sauveurs de l'Espagne, Ce sera de leur sang qu'auront été cimentés les éléments qui constitueront le peuple Espagnol, la race des *Conquistadores*.

Les Celtes du nord, leurs frères, n'en avaient pas moins fait. Les Galiciens avaient sauvé une nationalité, les Irlandais sauvèrent la *civilisation chrétienne*.

Le monde occidental venait de recevoir à peine la semence de l'Évangile, il était tout humide encore de la rosée du Baptême, lorsque soudain, débouchant de l'horizon, accoururent les hordes Germaines, et avec elles la désolation et la barbarie. L'Occident se réveilla un jour arien et païen, et les derniers fidèles du Christ cherchèrent un asile dans les retraites, au fond des bois. La civilisation avait fui le continent.

Les Irlandais l'accueillirent. Pendant plus d'un siècle, quiconque fut désireux de boire à la coupe des sciences dut étudier à l'école de leurs moines. Grâce à eux la civilisation eut sa revanche.

A leur tour, ils débarquèrent sur le continent; des légions de missionnaires partirent de l'*Ile des Saints* et l'œuvre de la reconquête de l'Europe, au nom du Christ, commença. Beau spectacle que celui de ce petit peuple se lançant, pour ainsi dire tout seul, dans une Croisade contre la Barbarie! Il ne fallait rien moins que la plume séduisante d'un Montalembert pour nous raconter les merveilles opérées. Sous les pas des apôtres, des *Columban*, des *Killian*, des *Columbkill*, on voyait se relever les nations, tels ces ossements desséchés dont parle le prophète, qui soudain s'animèrent à la voix de l'Esprit. Plantée au plus profond du sol par la main de ces robustes porteurs d'Évangile, la croix parut désormais indéracinable. Si elle continue de se dresser encore au dessus de l'Europe, si la civilisation dont nous jouissons procède d'elle, en vérité, c'est à l'Irlande que nous le devons.

Que ne doit-elle pas aussi aux Bretons, la Patrie française! Nous aurons l'occasion de le montrer. Pendant la grande crise nationale du XIVème et du XVème siècles, ce furent des héros bretons qui expulsèrent l'Anglais de notre territoire, ce furent eux qui assurèrent l'unité et l'individualité de la Nation. Quel ne fut pas encore le rôle des peuples Celtes, à l'heure où l'*Hérésie protestante* promenait partout son fatalisme désespérant et ses arides doctrines ! Ils sauvèrent l'honneur de l'Europe catholique. Sans doute y en eût-il qui succombèrent parmi eux, les Gallois entre autres, mais après avoir défendu leur foi avec vigueur; il y en eut, comme les Écossais, qui cherchèrent un asile dans les montagnes, après une héroïque résistance. Les Bretons et les Irlandais demeurèrent irréductibles.

Charles Ier d'Angleterre (1640) - Tableau de Van Dyk

Au premier rang de la *Ligue catholique*, en France, figurèrent les Bretons. Leurs armées furent les dernières à se soumettre. Il fallut à Henri IV abjurer solennellement ses erreurs, avant qu'elles ne consentissent à rentrer au foyer.

Quant aux Irlandais, qui donc oserait leur disputer la palme dans le combat pour la foi ? Voilà quatre siècles que ce peuple souffre, voilà quatre siècles que s'élargit le fossé où vont dormir les martyrs du catholicisme, voilà quatre siècles que l'Anglais, avec l'argent de Judas d'une main ct l'épée de bourreau de l'autre, vient lui crier : « *Tes croyances ou la vie !* » Il répond toujours: « *Prends mes terres, puisque tu les veux; prends ma vie, si tu y tiens, mais laisse-moi ma foi et mon honneur. S'il est vrai que là-haut Dieu pèse les larmes des peuples martyrs, de quel poids ne pèseront pas, dans les balances éternelles, les larmes de l'Irlande et quel ne sera pas le châtiment de l'Angleterre !* »

Il est juste de reconnaître, d'ailleurs, que l'*Idée loyaliste*, aussi bien que les Idées nationales et religieuses, a toujours rencontré chez les Celtes d'héroïques et obstinés défenseurs.

Un roi gouvernait l'Angleterre, bon, chevaleresque et généreux, *Charles Ier*. Petit-fils de Marie Stuart et tolérant pour les catholiques, les sectaires huguenots jurèrent sa perte. A leur appel, tout ce qu'il y avait de passions endormies au cœur d'une nation qui n'a que le masque des croyances, se ranima soudain. Le roi dut fuir; les Anglais l'abandonnèrent.
Irlandais et Gallois le défendirent. Les *Cavaliers* Celtes luttèrent avec vigueur contre les *Côtes de fer* de Cromwell et si, malgré leurs efforts, la tête de Charles Ier roula bientôt sur la place de Whitehall, ils pouvaient se vanter d'avoir fait à la victime de dignes funérailles, en semant les routes d'Angleterre des cadavres de leurs ennemis.
Aussi terrible fut la vengeance des Bretons de France, lorsque, à cent ans de là, leurs croyances furent attaquées et le roi Louis XVI traîné à l'échafaud. L'idée loyaliste n'eut pas de plus énergiques soutiens. Il fallut bien que la Révolution désarmât devant eux; leur obstination proverbiale leur valut le dernier mot.

Fontaine de Baranton

Dans la mystérieuse forêt de Brocéliande, il existe une fontaine, la fontaine de *Baranton* que l'enchanteur *Merlin*, dit-on, anima de sa vertu magique. Pour peu qu'on y puise une goutte d'eau et qu'on, la répande sur le seuil de pierre, le tonnerre éclate.

C'est un symbole. Il suffit de même que retentisse l'appel de l'Église et de la Patrie ou le cri de l'opprimé, pour qu'aussitôt brille l'éclair des épées parmi les hommes de la *famille celtique*. Redresseurs de torts ils sont, ces hommes, défenseurs des nobles idées ils resteront, aussi longtemps que durera l'Humanité. C'est leur mission. La fontaine des sacrifices est loin d'être tarie.

Dès lors nous pouvons conclure : c'est vraiment une noble lignée que celle à laquelle se rattachent les Bretons et c'est une bien belle tâche qui est dévolue à ceux de leur race. Toutefois, parmi les rameaux détachés du tronc celtique, il en est un qui leur lient de plus près et dont les destinées se rattachent davantage aux leurs: il s'agit des *Gallois*.

CHAPITRE II

Les Bretons et leurs frères : les Gallois

S'il est vrai de dire que les hommes, de la Famille Celtique ont couvert de leurs colonies les îles et les presqu'îles de l'océan, depuis l'Espagne jusqu'à l'Écosse, et qu'on relève encore entre eux d'une extrémité à l'autre beaucoup de caractères communs, il est juste de reconnaître néanmoins qu'il en est qui sont beaucoup plus directement apparentés. Tels sont les *Gallois d'Angleterre* et les *Bretons de France.*
Voilà quatorze cents ans que la rupture s'est opérée entre eux, quatorze cents ans que les pirates Anglo-Saxons, *Hengist et Horsa*, ont brisé le glaive mystérieux, jusque là invincible du roi Arthur, qu'ils ont rejeté les Bretons par-delà le Détroit et repoussé les Gallois dans leurs montagnes, et, malgré tout, le lien des âmes ne s'est pas rompu. Des deux rives de la Manche, une voix s'élève de plus en plus forte, rappelant les origines, les malheurs communs, et célébrant l'Union. Sait-on si les temps ne sont pas proches où les tronçons du glaive se ressouderont ?
Malheur alors à l'Angleterre! car s'il y a une ennemie cruelle à frapper quelque part, c'est elle.
Je ne sais en effet s'il existe, dans l'histoire du genre humain, une page plus ignominieuse que celle qui relaie la conduite des Anglais à l'égard des peuples Celtes.
Intercalés entre eux à la façon d'un coin, grâce à une spoliation, au Vème siècle, ils ont brisé l'unité de la race et séparé les uns des autres les divers tronçons. D'une rive à l'autre de la Manche, les peuples se comprenaient avant leur arrivée : le même sang ne coulait-il pas aussi dans les veines des Gaulois et des Bretons?
Après la conquête Anglo-Saxonne, adieu l'unité!
D'un coté de la Manche, brillent toujours les couleurs des fils de Gaule, mais de l'autre règne sans partage le Léopard maraudeur des pirates de Germanie. Les descendants des races Britanniques se sont réfugiés un

peu partout, les Irlandais dans leur île, les Écossais dans leurs presqu'îles, les Gallois dans leurs montagnes, et les fugitifs, qui furent nos pères, sur le rude rocher d'Armor.

Finie, la triomphante Épopée du roi Arthur; dans les profondeurs de la forêt de Brocéliande, *Merlin*, le Barde sacré, est endormi d'un sommeil léthargique.

Sa lyre d'ailleurs, au lieu de chanter les exploits des héros, n'aurait plus qu'à pleurer le martyre des hommes de sa nation.

Le martyre de l'Irlande, le monde entier le sait. Il n'est pas un genre d'ignominie que les Anglais n'aient pratiqué à son égard. Ils lui ont pris ses biens, et ils en ont fait une esclave au service de leurs Landlords. Ils ont cherché à lui ravir sa foi, et, devant ses résistances, ils ont arraché la vie à un grand nombre de ses enfants. Il n'y a plus aujourd'hui sur le sol de la verte Erin que quatre millions d'habitants, là où il y en avait huit; aussi les pierres elles-mêmes, si elles pouvaient parler, diraient-elles sa haine contre l'Angleterre.

Owen Glendower

Le pays de Galles peut-être a moins souffert, et pourtant lui non plus n'a cessé d'être maltraité. Les Anglais traitent ses fils, au moment de la conquête, au XIIIème siècle, comme les Peaux-Rouges faisaient leurs ennemis. La tête de *Llwelyn*, le dernier roi, est plantée sur les murs de la capitale, couronnée de lierre, et une multitude de seigneurs rapaces s'abattent sur les propriétés et les confisquent à leur profit.

Dans un suprême effort, un héros national, *Owen Glendower*, cherche, en 1403 à briser le joug maudit. Il succombe, et dès lors l'Angleterre écrase les vaincus de tout son poids.

Ce sont les mêmes pratiques qu'à l'égard de l'Irlande. Non contente de leur prendre leurs biens, elle s'étudie à tuer leur foi et à détruire chez eux jusqu'au sentiment de la race.

De la religion, c'en est bientôt fait. Suivant une tradition, les Gallois chrétiens, au moment de l'Invasion anglo-saxonne, ne voulurent jamais consentir à envoyer des missionnaires à leurs ennemis païens, afin de n'avoir pas d'Anglais à côté d'eux dans le ciel, après la mort.

Les Anglais se vengèrent, une fois les maîtres. Ils laissèrent tomber le pays dans l'ignorance la plus complète, au point de vue religieux, si bien que le jour où leur Barbe-bleue, le roi *Henri VIII*, décréta la rupture avec Rome, les Gallois, après avoir lutté du reste avec courage, se laissèrent gagner au protestantisme.

Général Cambronne

Il y a pire encore, si possible, et le comble de la politique anglaise a été de s'efforcer de détruire, en ce pays, le sentiment national et d'armer des frères contre des frères. Sur tous les champs de bataille, en face des soldats Français, en face même des soldats Bretons, elle pousse les Gallois. Si les rois d'Angleterre triomphèrent à Crécy, à Poitiers, à

Azincourt, n'oublions pas qu'ils le devaient à la vaillance des archers Gallois. Pour vaincre ces rudes ennemis, il fallut des épées bretonnes, il fallut *Duguesclin, Clisson, Richemont*, des frères contre des frères. Jusqu'à notre époque, ce sont des faits de ce genre. Pendant les guerres de l'Empire, les Anglais lancent contre nous, Gallois, Irlandais, Écossais. Il s'agit de savoir, d'elle ou de la France, à qui appartiendra la domination du monde. La ténacité des régiments Celtes à Waterloo, sous les ordres de l'Irlandais *Wellington*, fit pencher la balance en faveur d'Albion, malgré l'héroïsme de la vieille garde commandée par le Breton *Cambronne*.

Mais il semble que les temps soient arrivés où les frères vont se rapprocher de nouveau et reconstituer l'Union.

S'il faut en croire une tradition, Gallois et Bretons, au moment d'en venir aux mains sur le champ de bataille de Saint-Cast, en 1708, se reconnurent aux accents d'une même chanson et, après s'être donné l'accolade, se réunirent pour jeter les Anglais à la mer.

Depuis ce temps, des deux côtés du détroit, on semble vouloir multiplier les occasions de se revoir. Il y a cinquante ans, les délégués des deux peuples se réunissaient pour la première fois en congrès en Bretagne. Qui ne sait le chant fameux des *Deux Bretagnes*, composé à ce sujet par Ropartz ?

> Vous qui venez si loin pour embrasser des frères,
> Parlez-nous du pays où naquirent nos pères;
> Notre Bretagne à nous, ce sol que nous aimons,
> Rappelle t-il un peu le berceau des Bretons ?

La même scène s'est reproduite à diverses reprises dans la suite; il y a quatre ans, les Gallois convoquaient les Bretons et leur réservaient la première place aux grandes fêtes de Cardiff, et les Bretons à leur tour invitaient les Gallois, voilà trois ans, au Congrès régionaliste de Vannes et les entouraient d'honneurs particuliers. Il en sera de même sans doute aux Congrès qui sont annoncés pour des dates rapprochées.

De tout cela, l'union des nationalités Celtes, celle des Bretons et des Gallois en particulier, ressortira plus forte et plus durable, aux dépens de leurs ennemis les Anglais. Nous lisons, dans les Légendaires d'Irlande et de Bretagne, qui offrent tant de caractères de ressemblance, une anecdote bien significative. Il s'agit d'un saint Irlandais *saint Killian* et d'un saint Breton *saint Gérand*. Disciples l'un et l'autre de *saint Patrick*, ils sont allés voir leur maître en Italie; or, à l'un et à l'autre, le grand apôtre a remis une cloche enchantée: « *Quand vous arriverez en Irlande, à la Fontaine des Héros,* dit-il à Killian, *la cloche sonnera d'elle-même et vous bâtirez-là votre ermitage.*»

« *Quand vous serez en Bretagne, au revers d'une colline semée de landes,* dit-il à Gérand, *la cloche sonnera toute seule et vous construirez là votre chapelle.* »

Cette légende des deux cloches, identique dans les deux pays, non seulement atteste la communauté de traditions des nations Celtes les plus éloignées et leur parenté, elle nous dit également, sous forme symbolique, que l'heure du réveil sonnera pour elles et aussi l'heure de l'union.

Alors sera brisé le sceptre de la *Dominatrice des Mers* : le *Coq gaulois* battra joyeusement des ailes : le *Shamrock*, emblème national, germera plus abondant en Irlande; on entendra passer sur les monts de Galles la chevauchée triomphante du roi Arthur, et, dans les profondeurs de Brocéliande résonnera la lyre de Merlin délivrée. Ce sera la revanche des Celtes contre la descendance de *Hengist* et de *Horsa*.

Il suffit de jeter un coup d'œil sur le passé des Bretons pour savoir qu'ils n'auront pas le dernier rôle dans cette partie finale.

CHAPITRE III

Les Bretons à travers l'Histoire

Aux peuples ainsi qu'aux individus Dieu a marqué leur destinée. Ils ne sauraient y faillir sans déchoir. Qu'ils s'en aillent dans la vie, portant haut l'épée du Conquérant, ou poussant devant eux la charrue du laboureur, il leur faut, de toute nécessité, accomplir leur mission. Ouvriers de la Providence, ils doivent apporter leur pierre à l'édifice qui lentement s'élève grâce au travail du genre humain.

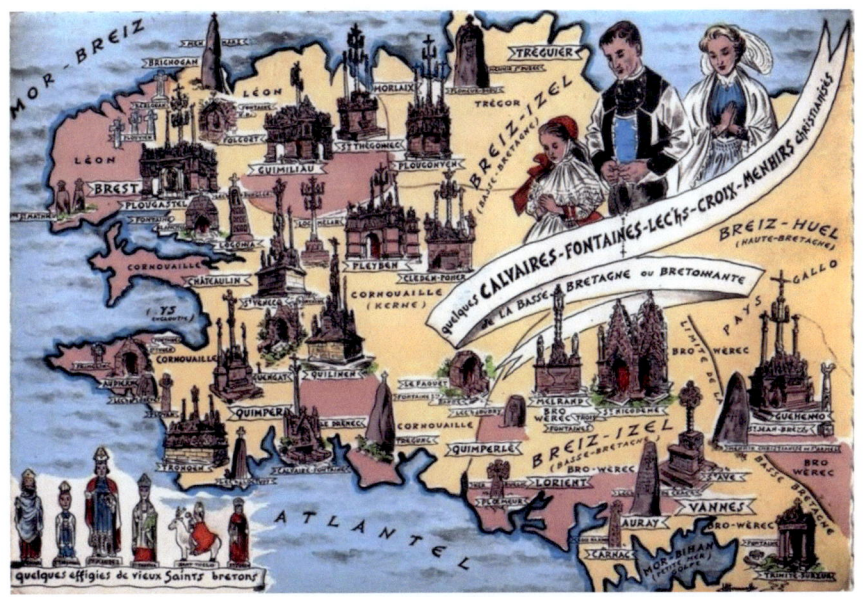

Carte de Bretagne

Comme chez les individus toutefois, il en est, parmi eux, qui ont une tâche plus noble : ce sont les *peuples apôtres*. Défenseurs du droit ici, instruments de la civilisation là, ils sont, de par le monde, le ferment qui le vivifie, le bon grain qui fait germer les opulentes moissons. De ceux-là est le peuple français.

Que n'a-t-on dit de son rôle ? N'est-ce pas un thème banal, à force de le répéter, que la *Geste de Dieu par les Francs ?* Laissons-le de côté pour un moment, et parlons un peu de la Geste de Bretagne.

C'est une bien belle destinée que celle de notre vieille province. Solidement assise sur son rempart de rocs, les pieds dans l'océan dans lequel elle s'enfonce brusquement, l'épaule contre la France qu'elle paraît vouloir protéger, ainsi qu'un fils garde sa mère, on la dirait toujours prête pour la lutte. Aussi bien tel est son rôle : c'est une *lutteuse*.

Elle était encore au berceau que son histoire avait les allures d'une merveilleuse épopée. Elle débuta avec les exploits d'*Arthur* et des *Chevaliers de la Table ronde*. Pauvre du côté des dons de la fortune, mais riche de sang et généreuse, elle voulut être, sous ses haillons, le *soldat de la France* et le *soldat de Dieu*.

Avec quelle ardeur elle défendit leur cause! Nous montrerons un jour ce qu'elle fait à notre époque; disons ce qu'elle a tenté dans le passé.

Il semble qu'à trois reprises notre patrie ait été plus particulièrement menacée, soit dans son intégrité nationale, soit dans son intégrité religieuse : *durant la guerre de cent ans, à l'occasion de la Ligue, au moment de la Révolution*. A chaque fois son cri d'alarme trouva un écho en Bretagne, l'ennemi se heurta à une poitrine de Breton : un Breton lui répéta: Tu n'iras pas plus loin !

L'Hermine ne s'était pas encore unie au Lys que les hommes d'Armorique besognaient pour la France. C'était au temps où, d'un bout du territoire à l'autre, le Léopard d'Outre-Manche s'avançait en vainqueur. Éperdus, les défenseurs du sol fuyaient. Au plus fort des batailles, une voix mâle jeta soudain le cri *Noire Dame Guesclin !* Duguesclin était là; bientôt devant sa rude poussée, les compagnies anglaises évacuèrent le pays, telle une nuée de sauterelles que chasse le vent d'orage.

On les revit d'ailleurs plus tard, quand « *la grande pitié revint au royaume de France* ». Un jour, notre pays se réveilla anglais, avec un roi fou à sa tête, une reine étrangère et traîtresse auprès du trône, et, dans un recoin perdu de province, un dauphin qui se cachait honteusement.

Une Bergère des Marches de Lorraine s'offrit la première pour la délivrance. Elle ne fit que passer. La trahison lui arracha l'épée des mains. Les Bretons la ressaisirent.

Ah ! certes, elle eut de bien belles funérailles, grâce à eux, l'héroïque Pucelle. Avec eux recommença la chasse à l'Anglais. Au Nord, au Sud, au Centre, partout les Bretons. A leur tête, le fils de leur duc, Richemont. Morceau par morceau, ils arrachent au Léopard les lambeaux du territoire qu'il tenait dans ses griffes. En 1436, ils escaladent les remparts de Paris, et voilà la capitale recouvrée, voilà l'Anglais hors de l'Ile de France, ils exterminent les troupes de Kyricel à Formigny, en 1450, et voilà la Normandie reconquise; ils écrasent et tuent le vieux Talbot à Castillon, en 1453, le comte de Penthièvre, et voilà les Anglais *boutés* pour toujours hors de France.

Grâce à eux, la prophétie de Jeanne d'Arc était accomplie : la France était libre du joug étranger, le peuple avait pris conscience de son unité, et les descendants de saint Louis allaient gouverner paisiblement désormais le premier royaume du monde après le ciel.

La Bretagne remit alors l'épée au fourreau et revint au foyer. Or, comme elle y reposait paisible, après avoir donné son cœur à la France, voici qu'elle apprit tout à coup qu'un formidable danger menaçait de nouveau la grande Patrie.

L'hérésie, pire que la peste, allumait l'incendie de toutes parts. La France était menacée de se réveiller, le masque de Calvin au visage, si les Bretons ne l'assistaient.

Ce fut encore une œuvre grandiose que la leur, dans cette circonstance critique. Un frisson d'héroïsme traversa la péninsule; les soldats coururent aux armes.

« *Qu'est-il donc arrivé en Basse-Bretagne ? s'écrie le chanteur populaire. Il n'est rien arrivé de nouveau en Basse-Bretagne, si ce n'est la guerre et le trouble aux trois coins du pays; tous les Bretons se sont levés, paysans et gentilshommes, et la guerre n'aura point de fin, si Dieu ne vient en aide aux hommes.* »

(*Les Ligueurs de Cornouailles dans le Barzaz-Breiz.*)

Dès lors, pas un champ de bataille où les Huguenots ne rencontrèrent les Bretons. Un chanoine de Quimper, *Moreau*, nous a laissé le récit des exploits de ces derniers. La misère était navrante; les loups par bandes pénétraient dans les villes; mais quiconque avait un cœur et un bras n'en continuait pas moins de combattre.

Traqués de toutes parts, les adeptes de la secte enfin quittèrent à jamais la Bretagne; partout aussi ils durent rétrograder en France. Au prince calviniste qui guerroyait pour sa couronne il ne resta qu'une alternative : réciter le *Credo* catholique ou se résoudre à régner sur les cadavres de ses sujets. Il préféra se soumettre.

A l'heure où, dans la cathédrale de Saint-Denis, il formulait l'acte de foi de ses ancêtres, les Bretons à bon droit pouvaient répéter : plus que tout autre nous avons contribué à cette conversion; la France demeure catholique, grâce à nous.

A deux siècles de là, ils avaient encore le droit de tenir le même langage. Dans le fossé qu'elle avait creusé pour les Institutions du passé, la Révolution avait juré qu'elle ensevelirait la Religion. Un ordre avait été lancé : il faudra que demain les prêtres jurent fidélité à la Constitution qui les détache de Rome, il faudra que le peuple soit schismatique. — Ce fut un spectacle poignant que celui qui se déroula, en l'année 1791.

Ils montèrent en chaire en effet, les prêtres, Constitution en main, mais pour refuser le serment : « *Vous avez été convoqués*, disait l'un d'eux, *au diocèse de Vannes, pour venir entendre votre Curé prêter serment à la Constitution civile, mais j'espère bien que pas un d'entre vous n'a cru qu'il le prêterait !*»

L'héroïsme du clergé souleva la masse des fidèles. Aux clochers des villages, le tocsin retentit; les coups de fusil partirent derrière les haies, et la Bretagne, remuée dans ses profondeurs, se trouva en armes tout entière, paysans et gentilshommes :

> La guerre est commencée dans le royaume de France;
> Elle ne finira jamais, si les hommes ne changent pas;
> Mais prenons tous courage, nous autres les vrais chrétiens,
> Dieu nous viendra en aide contre nos adversaires.
>
> (*Chanson des Chouans*, de Gourin).

Ainsi chante le poète populaire.

Elle dura bien des années, la terrible chasse au loup. Aujourd'hui, dans les champs de la Haute comme de la Basse Bretagne, on aperçoit, le long des fossés, et à la lisière des taillis, des monticules de terre surmontés de petites croix. Sous ces monticules, on découvre des restes humains, les restes des soldats de la Révolution qui ont péri sous les coups des Chouans. Quel en est le nombre? Personne ne le saura jamais. En tout cas, lorsque les Défenseurs de la foi rentrèrent au foyer, près de 300 000 hommes dormaient leur dernier sommeil sur la lande, et, sur les arbres des forêts, les corbeaux lançaient de joyeux croassements. Mais aussi, l'homme dont la main de fer venait de mater la Bête révolutionnaire, comprenant qu'on ne triomphe pas aussi bien des convictions religieuses d'un peuple, venait-il s'agenouiller aux genoux du *Vicaire du Christ* et ramenait-il avec lui la France repentante au *Credo* de son baptême.

Encore une fois, la Bretagne l'avait sauvée; elle avait effacé de son front l'opprobre de l'apostasie : elle avait rendu à l'Église sa Fille Aînée.

Depuis ce temps, elle est au repos, mais elle veille toujours, la main sur son épée, en attendant que sa mère lui dise : *Viens à moi !* A la première commotion elle sera en tête. Les ennemis de Dieu et les ennemis de la France trouveront à qui parler, soyons-en certains. Bon sang ne saurait mentir ! En vérité, s'il y a encore quelques pages blanches à la Geste de Bretagne, les Bretons sauront les remplir. Leur rôle dans les temps actuels, quoique plus pacifique, et quoique contrarié de toutes façons, prouve qu'ils n'y failliront pas.

C'est ce rôle, ce sont ces obstacles que nous allons étudier. Nous allons voir tour à tour les Bretons chez eux et au loin dans les rangs de l'Émigration.

DEUXIÈME PARTIE
****

LA BRETAGNE CHEZ ELLE

dans les temps actuels

Les Services qu'elle rend — Les Dangers quelle court

****

CHAPITRE PREMIER

Les Services rendus par les Bretons à notre époque.

Saint Houardon par Yann d'Argent

À Landerneau, dans l'église de Saint-Houardon, notre peintre national, *Yann d'Argent*, a suspendu l'une de ses toiles. C'est une œuvre étrange et d'un effet puissant. Elle nous rappelle une page de la vie du Patron de la ville.
La vue se porte en pleine mer.

Assis sur un bloc de granit qui lui sert de nacelle, le Bienheureux s'en va de Galles en Armorique. Du large, un vent violent souffle, soulevant comme une voile les plis du manteau, tandis que la vague vient heurter brutalement le rocher, longue, houleuse, couronnée d'une crête blanchâtre.

Impassible, l'apôtre n'en continue pas moins de voguer. Sur sa barbe, la vieillesse a déjà répandu ses neiges, le poids de l'âge a courbé ses épaules, mais dans tout son être, il y a je ne sais quoi de fort, d'énergique et de résolu. A son regard, on devine qu'il est inspiré de Dieu. Cet homme, cela est évident, a une tâche a remplir : il doit avoir trop de foi pour ressentir la peur.

Si l'on peut employer un mot d'aujourd'hui, il y a là une œuvre extraordinairement suggestive, De la Bretagne à son Apôtre, la comparaison s'établit.

Sur l'océan où s'agite, parmi les passions, une société en mal de modernisme et de soi-disant progrès, la Bretagne parait immobile. Assise sur sa chaussée de granit, elle regarde venir la vague qui lui apporte tumultueusement les idées nouvelles,

Rien, semble-t-il, ne saurait la toucher : elle est la France du XVIème siècle, attardée à notre époque.

Ne la jugez pas cependant à première vue, elle n'est pas l'*immobile saxum*, la pierre immobile dont parle le poète. Elle aussi, elle est en marche, mais à sa façon. Contemplez plutôt son visage de croyante, son corps plein de vie, et dites si elle n'est pas faite pour marquer son sillon par le monde.

Aussi bien son histoire actuelle est digne de son passé. La Bretagne est toujours la terre *féconde en générosités*. Elle qui sauva la France jadis, s'occupe maintenant de la soutenir, de la reconstituer au dedans, de la représenter avec éclat au dehors.

Au dedans, certes oui, elle a une grande tâche à remplir.

Il y a quelques années, dans le Reichstag, l'orateur socialiste *Bebel*, répondant à *Bismarck* qui réclamait de nouveaux crédits, disait : « *A quoi bon ces armements, ces demandes d'argent ? Dans quelques années la France n'aura plus de soldats et n'osera même plus songer à lutter contre nos masses armées !*»

Il faut bien le reconnaître en effet, sur notre pauvre pays, il semble qu'un vent de malédiction a passé. On dirait que le sang s'est desséché dans ses veines. Un honteux égoïsme préside à l'avenir des familles et un mal ignominieux, la *dépopulation*, sème partout ses ravages. Une âme de patriote ne saurait considérer cela sans pleurer. Dans cette France que Dieu avait choisie à dessein pour sa Fille aînée, qu'il avait préparée comme un doux nid pour la race humaine, voici qu'il y a plus de *cinquante* départements en décroissance. L'homme refuse de se survivre. Calcul insensé vraiment ! La Bretagne, Dieu merci, ne l'a pas encore goûté. Ce n'est pas chez elle que l'on a peur des nombreuses familles. Le *Crescite et multiplicamini* (croissez et multipliez-vous), enseigné par Dieu au commencement, est toujours sa grande loi. Elle est demeurée la terre de vie, l'instrument grâce auquel notre race française qui, depuis quelque temps, s'est trop laissé pénétrer, peut-être par des éléments hétérogènes, reviendra à la pureté de ses origines celtiques.

Hé! oui, elle se peuple vite, notre belle province. Dans ces cent dernières années, après les ravages de la Révolution, elle s'est accrue de près d'un million d'habitants, de 50 000 depuis le recensement de 1896. C'est plaisir de voir là-bas, dans les chaumières perdues au détour des grèves ou parmi la vaste lande, les nombreux enfants qui grandissent sous l'œil de Dieu.

Il reste encore en friche bien des terres à coup sûr, il n'en est pas moins vrai que parmi les régions de France, la Bretagne est celle où la population est la plus dense. Tandis que la moyenne des habitants est ailleurs de 71 par kilomètre carré, elle est ici de 85.

Y a-t-il lieu d'être surpris dès lors si notre province envoie tant de ses fils au loin? Franchissez nos limites, partout vous les rencontrez; ils sont 3 250 000 chez eux, près de 450 000 dans les départements autres que les leurs, et tous les ans, à mesure que la mort fauche une existence dans un recoin quelconque de la France, c'est un émigré de Bretagne qui vient prendre la place. Grâce à la Bretagne, la France n'est pas encore tout à fait la terre du Figuier stérile, vouée à la malédiction de Dieu.

Est-ce à dire que la Providence a ménagé en Bretagne des conditions de vie plus avantageuses qu'ailleurs ? Certes non ! Dans la chaumière du paysan, l'aisance est une inconnue; mais aussi, on n'y redoute pas le labeur et le sacrifice. L'homme et la femme n'ont qu'un souci : besogner courageusement. Chaque année amène un nouveau convive à la table commune; on n'en fait pas moins bon visage; on n'a pas songé un instant que la part d'héritage des premiers nés serait diminuée. On a pensé simplement qu'il y aurait là un travailleur de plus.

Ce n'est pas dans ce milieu qu'il faut aller chercher ces enfants *prodiges* qu'on nous montre dans les villes, fils uniques d'ordinaire, sortes de poupées bien attifées, idoles gracieuses que tout le monde encense, devant lesquelles le père et la mère se prosternent à deux genoux, chez lesquelles on cultive à plaisir les caprices les plus fantasques, êtres sans discipline aujourd'hui, et demain, dans l'âge mûr, des viveurs, des égoïstes, des neutres inutiles, incapables d'un acte de virilité.

Enfant d'un marin-pêcheur de Penmach

Autrement rude est la formation chez les fils de travailleurs Bretons. Pendant les premières années, la mère n'a eu qu'une pensée : déposer dans l'âme de son petit, comme une perle au fond de l'écrin, le trésor de la foi, apanage de la race. Elle lui a enseigné trois choses: l'amour de Dieu, la haine du mal, l'esprit de sacrifice.

L'éducation première est vite terminée. A l'âge où le fils du riche s'asseoit sur les bancs de l'école et entrevoit de loin la carrière du fonctionnaire, le fils du laboureur breton est sur la lande, gardant ses troupeaux, plus tôt levé que l'alouette matinale, avec une seule préoccupation dans son esprit : devenir un bon serviteur de Dieu, un auxiliaire pour ses parents.

Avec l'âge ces dispositions se fortifient. A peine est-il adolescent, que déjà c'est un robuste laboureur, hardi au travail à côté de son père, à moins que la destinée ne lui ait ouvert un champ plus vaste, à moins que la Patrie n'ait appelé à son service cet enfant du sacrifice, à moins que la Providence n'ait convoqué à la conquête des âmes celui-là qui, non content de savoir prier, sait encore souffrir.

C'est vraiment une bien belle page que celle où sont inscrits les services rendus par la Bretagne, à notre époque, à la France et à l'Église. Quelqu'un l'a dit: si toutes les autres provinces avaient fait leur devoir comme elle, en 1870, les Prussiens ne seraient pas venus jusqu'à Paris. Qui donc donna plus généreusement son sang ? L'ennemi doit se souvenir encore des *Marins* et des *Mobiles Bretons* qui défendaient la capitale. Et si çà et là, parmi nos désastres, un trait d'épopée s'ajoute encore à l'histoire de nos sacrifices, n'est-ce pas aux Bretons qu'il est dû d'ordinaire? C'était un Breton, ce commandant Lambert qui défendait Bazeilles jusqu'à la dernière cartouche; c'était un Breton, ce *Charrette* qui, à Patay, avec 500 hommes, faisait reculer 20 000 Prussiens; c'étaient des Bretons pour la plupart, ces zouaves pontificaux qui, sur les bords de la Loire, mouraient glorieusement, face à l'ennemi.

Et maintenant si, quelque part, le drapeau français vient protéger l'opprimé et tracer la voie à la civilisation, n'est-ce pas d'ordinaire la main d'un marin ou d'un soldat breton qui le porte?

Hier, trente valeureux marins, à Pékin, défendaient victorieusement la cathédrale du *Pétang* contre 10 000 Chinois acharnés comme des fauves; dignes héritiers de ces trente chevaliers de Beaumanoir qui, au Chêne de mi-voie, le samedi d'avant le dimanche *Lætare, Jérusalem*, 1351, lavaient dans le sang Anglais l'injure adressée à leur pays, eux aussi portaient haut les deux emblèmes qui nous sont chers, la croix de Jésus-Christ et le drapeau de la France. Or, ces trente marins et leur chef, le lieutenant *Henry*, étaient Bretons.

Certains prophètes de malheur le répètent à loisir: « *C'en est fait de la France. Comme les nations latines, elle est sur son déclin !* »

Ceux-là n'ont jamais vu notre pays que sous les traits de ce monde de viveurs, de sceptiques et d'incapables qui encombrent la capitale.

Il suffit de lire les Annales de l'apostolat pour comprendre le rôle que joue la France. S'il faut de l'argent pour la propagation de la foi, prenez le mien, dit-elle; s'il faut du sang pour faire germer la semence évangélique, elle est prête.

Certes, elle n'est pas terminée la Geste des Francs. Elle est devenue seulement plus universelle et plus conquérante; or la meilleure page en est écrite par les enfants de la Bretagne. Bien de plus éloquent que les chiffres publiés chaque année par les Annales de la Propagation de la foi. Malgré sa pauvreté, la Bretagne y tient la tête par des centaines de mille francs. Rien de plus éloquent non plus que ces listes de missionnaires qui sortent des Missions étrangères et des Maisons religieuses pour voler à la conquête des âmes.

Lisez les noms. La majorité se compose de Bretons. Au Mackenzie où ils gèlent, au Sahara où ils sont brûlés par le soleil, en Chine où le martyre les guette, partout des missionnaires bretons, *Oblats de Marie, Pères du Saint-Esprit, Prêtres des Missions Étrangères,* etc., enseignant l'amour de Dieu et de la France, prêts au sacrifice,

Avec de pareils hommes, peut-on dire, que la Bretagne a fait son temps ? Malgré les apparences, elle n'est pas plus immobile que le rocher de Saint *Houardon*. Insensible seulement au tumulte du monde, elle va droit son chemin : *fluctuat nec mergitur* (elle flotte et ne sombre pas sur son vaisseau de granit), les yeux fixés sans cesse sur le drapeau de la patrie et sur la croix de son baptême.

Est-il vrai de prétendre cependant qu'elle aussi ne court pas de périls, qu'elle n'a pas ressenti les morsures du mal moderne? Il serait exagéré de le soutenir. A l'heure présente nous la voyons attaquée, au contraire, dans son originalité puissante et dans ses plus intimes convictions. Le danger est même pressant : il y va de sa *foi*, de sa *langue*, de ses *coutumes*, de ses *mœurs*, de sa *vie* peut-être. D'une part c'est le ministre protestant qui sape ses croyances, avec les fauteurs de mensonges; ce sont les étrangers qui se rient de ses traditions et de ses coutumes; de l'autre, c'est l'alcoolisme qui altère le sang de la race, l'émigration qui corrompt les mœurs et entraîne tous les inconvénients de la misère.

Nous traiterons tour à tour chacune de ces questions et nous en montrerons les déplorables conséquences.

Parlons d'abord des croyances.

CHAPITRE II

Les dangers que courent les Bretons
Le Danger pour la foi

Dans le vieux Chêne de Bretagne, le pasteur protestant a planté sa hache. Sous ses coups les branches mortes viennent joncher le sol; déjà les branches vives elles-mêmes commencent à sentir la morsure; déjà Calvin a mis sa main souillée sur la robe blanche de l'Hermine; déjà la langue vierge qui n'avait jamais connu l'hérésie se met à professer le *Credo* des Prophètes du mensonge.
Lentement, méthodiquement, sournoisement, le semeur d'ivraie poursuit son œuvre. Il en est de lui comme de ces oiseaux de mort qui se cachent dans les masures pendant le jour et qui n'opèrent que dans les ténèbres de la nuit. Il préfère agir dans l'ombre. C'est aux simples qu'il va d'abord, à moins que ce ne soit vers les vicieux. Peu lui importe d'ailleurs de quels matériaux il bâtira la chapelle où trônera Judas, pourvu qu'il puisse entraîner des âmes. A défaut de mieux, il se contente des balayures de l'Église catholique.
Son procédé ne varie pas; d'une main la guinée aux fascinants reflets, de l'autre la Bible : Vois ce livre, dit-il à l'ignorant. C'est l'exposé de tes croyances. Le prêtre n'ose te le traduire, car il contient sa condamnation. Moi, je te le donne dans ta langue; prends-le, c'est à moi qu'il accorde raison.
Et l'ignorant, ébranlé par une argumentation appropriée à ses connaissances rudimentaires, se laisse trop souvent séduire. Pour peu qu'il soit possible de spéculer sur sa détresse, c'en est fait : c'est une victime nouvelle pour les voleurs d'âmes.
Demain, il y aura dans le temple une voix de plus pour chanter les glaciales lamentations dans lesquelles le Huguenot exprime sa foi sans espérance. L'Église catholique comptera un déserteur.
Tristes effets de l'anarchie des intelligences au milieu de laquelle nous vivons! Faut-il qu'une doctrine si clairement repoussée par le bon sens, et

qui flotte aujourd'hui si lamentablement désemparée, grâce aux assauts de la critique moderne, veuille tenter encore un retour offensif, et cela parmi les Bretons?

Il en est ainsi pourtant.

D'autres, avant nous, ont signalé le danger en montrant le travail de perversion entrepris en Bretagne; personne, à notre connaissance, ne l'a étudié sur tous les théâtres où il produit ses effets.

En réalité, il se présente sur trois points à la fois avec des procédés et des méthodes qui varient suivant les circonstances et les milieux :

1° - dans les îles Anglo-Normandes;
2° - dans les Côtes-du-Nord et dans le Finistère;
3° - à Paris.

Dans les Iles *Anglo-Normandes*. Depuis quelques années, bien des travailleurs des Côtes-du-Nord et d'Ille-et-Vilaine s'y sont fixés à demeure, attirés par la cherté de la main-d'œuvre agricole. Autant d'enfants perdus pour la mère-patrie, autant d'anglicisés au bout d'une génération; hélas ! trop souvent aussi autant de renégats pour la cause catholique.

Ils n'en ont pas pour longtemps à tenir tête. A peine débarqués, ils se heurtent au Pasteur qui les entreprend sur le champ. Ici rien des procédés charlatanesques. Sur les âmes candides, mais simples et renfermées de nos Bretons, les mises en scène bouffonnes de l'Armée du Salut produiraient un effet de répulsion. Aussi aime-t-on mieux recourir à leur égard aux arguments d'intérêt. Aux convertis les bonnes places, les belles fermes et les riches débouchés; aux récalcitrants les travaux pénibles, les persécutions, les avaries de toute nature. A moins d'avoir l'âme bien fortement trempée, comment résisterait-on?

L'Émigrant était parti du village natal, en promettant aux vieux parents de garder la foi des ancêtres au milieu des Saxons (Saozon) et de revenir en Bretagne, aussitôt maître d'un petit pécule. Mais le pain de l'exil était si dur, les promesses si alléchantes : il a vendu bientôt ses croyances et maintenant il n'ose plus revenir; les siens ne le reconnaîtraient pas : c'est un Anglais !

Heureux encore serait-on, si le mal se localisait dans ces Iles de la Manche; mais semblable à une gangrène, voici qu'il gagne le *continent breton* lui-même. L'idée de convertir nos compatriotes à la confession protestante germa d'abord chez les Gallois, leurs frères de l'autre coté du détroit. Elle émanait chez eux uniquement d'un sentiment de confraternité. Les Anglais s'en emparèrent, afin de la faire servir à leurs ambitions politiques.

Sur plusieurs points à la fois, ils lancèrent leurs missionnaires. Médecins ici, instituteurs là, distributeurs de bibles partout, l'argument sonnant au bout des doigts toujours, ils engageront résolument la lutte. Vains efforts: l'Ille-et-Vilaine se montra réfractaire; ils durent évacuer le Morbihan après un lamentable échec à *Baud*; les Côtes-du-Nord et le Finistère leur témoigneront de la méfiance. Ils se décidèrent alors à concentrer leur action sur deux ou trois points seulement, sur la région de Quimper et aux environs de Brest, puis surtout à Trémcl, à la séparation des Côtes-du-Nord et du Finistère.

Trémel

Ils ne pouvaient choisir un lieu plus favorable. C'était la partie du Trégorrois la plus indifférente en matière religieuse; une population de pêcheurs ignorants et besogneux, une baie superbe avec la *fameuse lieue de grève de Saint-Michel*, tout en face de l'Angleterre. Quelle bonne aubaine, si on pouvait convertir ces simples au Protestantisme ! Il y aurait là pour la marine anglaise des pilotes et un point de débarquement tout indiqué, en cas de conflit avec la France.

Il suffisait d'y mettre le prix; des collectes abondantes furent opérées dans les diverses villes du Royaume-Uni; 30 000 francs étaient consacrés en 1893 à la seule mission de Trémel. Des hommes se rencontrèrent qui auraient vendu leur âme pour quelques livres sterlings. Ils furent les ouvriers de l'œuvre néfaste. Des écoles, des dispensaires, un hôpital, un temple se bâtirent, quelques écoliers, une cinquantaine en tout, des auditeurs bénévoles accoururent, et dès lors un va et vient continu s'établit entre ce point de la côte et l'Angleterre. Londres donnait le mot d'ordre. Deux fois par an, le Directeur s'y rendait. Il contractait alliance dans une famille anglaise et il amenait avec lui toute une colonie d'insulaires. Trémel devint une petite Albion.

Il est loin d'être conquis, d'ailleurs, tout à fait et depuis quelque temps même le mouvement de conversion semble éprouver plutôt un recul; il n'en est pas moins vrai que sur ce rivage l'Anglais a solidement fixé son ancre; dans sa pensée, Trémel servira de base d'opération pour la conquête totale de la Bretagne.

En attendant, un milieu se présentait plus propice à l'action du Protestantisme, le milieu des *Émigrés bretons* voués à Paris à la misère et à l'oubli de Dieu. C'est de ce côté que les convertisseurs ont dirigé leurs récents efforts. Quelle bonne fortune que de pouvoir spéculer sur ces détresses !

Lorsque, l'estomac rongé par la faim, le pauvre paria entend murmurer à son oreille: Viens à nous, tu auras du pain; lorsque la jeune fille abandonnée, errant par la ville sans foyer et sans amis, entend répéter près d'elle ce mot qui lui parait dicté par la charité: - Viens à nous, et tu auras une famille; comment veut-on qu'ils résistent ? L'argument invoqué répond si bien au besoin présent.

Le temple est un lieu où l'on trouve aux réunions du soir bon gîte, excellents rafraîchissements, agréable société; pourquoi n'y prierait-on pas pour une fois avec l'assemblée ? On y revient une seconde fois, puis une troisième, et bientôt l'habitude en est prise. Voilà un nouveau prosélyte pour la secte. Parmi les pauvres domestiques bretonnes, combien qui se sont laissées prendre de la sorte? Il semble que ce soient celles de la région comprise entre la Rance et Saint-Brieuc qui sont plus particulièrement menacées. Les autres auront leur tour. A notre avis, il commence à être temps de réagir. Sentinelles, qui avez reçu mission de veiller sur l'intégrité de la foi, prenez garde: l'ennemi est dans la place.

Rappelez- vous que là où passe le Huguenot, l'Anglais passe en croupe avec lui. Ne laissez pas Calvin apposer son masque de fausseté au front de nos compatriotes. Il ne va pas avec leur loyauté.

Il faut, pour emprunter les paroles d'une hymne sacrée, « *arracher la race perfide de la terre des croyants, afin qu'un seul Pasteur nous gouverne tous comme un seul troupeau* ». Éloignons le Protestantisme, car c'est le fourrier de l'Angleterre.

Veillez aussi à préserver votre langue, Bretons, car de ce côté encore un grand danger menace.

CHAPITRE III

Les Dangers que courent les Bretons. — Le Danger pour la langue

Depuis quelques années, il se passe de singulières choses en Bretagne. On y rencontre des hommes acharnés à un labeur unique, à la destruction de ce qu'elle a de vivant, d'original et de fort.
D'où viennent ces gens-là? On ne le sait au juste. Il est certain en tout cas qu'ils ne sont pas fils du sol. Enfants perdus de la politique, fruits secs de la basoche, pédagogues en quête de réclame malsaine, ils se sont donné rendez-vous dans ce pays, tels des loups qui auraient faim. Ils ont la manie du journalisme.
Embusqués dans leurs feuilles de choux, comme des corneilles dans les noyers, il faut qu'ils parlent de tout, et ils le font avec la compétence d'aveugles parlant de couleurs. Volontiers ils prendraient le Pirée pour un homme et le Pont-Euxin pour une planète.
Ils entamèrent récemment la question du breton, ne visant à rien moins qu'à l'extirper; ce qu'ils imaginèrent d'inepties là-dessus, on aurait peine à se le figurer. Le mot de la fin fut trouvé, lorsque l'un d'entre eux déclara solennellement que le breton était une langue rétrograde et que les *Bretons bretonnant* étaient les suppôts de la réaction. Il est évident qu'à cela il n'y avait rien à répondre. Le cas n'était plus de la compétence des gens intelligents. Il revenait de droit aux *Petites maisons* de la péninsule! On l'y laissa et la question resta vidée de ce chef.
Quoiqu'il en soit néanmoins, et malgré le tour qu'a pris la discussion, les arguments des sols exercent parfois une détestable influence sur l'esprit des simples. Voilà pourquoi il nous a semblé bon de reprendre certains points du débat, ne fût-ce que pour indiquer une solution à ce sujet. Ou admettra d'ailleurs peut-être que l'avis d'un *Breton bretonnant* a plus de portée dans l'espèce que les calembredaines d'exotiques qui, dans les gazettes de sous-préfecture, torturent à qui mieux mieux la langue française et insultent les gens qui leur donnent l'hospitalité.

Voilà déjà bien des années que le breton a élu domicile dans notre péninsule armoricaine. Sur la terre de Gaule il n'était pas encore question du *français*. Chassés par la conquête romaine, les dialectes nationaux avaient disparu, à la place, un parler informé, auquel chaque îlot d'envahisseurs barbares ajoutait une particularité nouvelle.

Seuls, par-delà la Manche, les Bretons étaient restés fidèles à la vieille langue celtique. Ils la ramenèrent sur le continent. Lorsque, au Vème et au VIème siècles en effet, arrivèrent les Anglo-Saxons en Grande-Bretagne, bon nombre d'entre nos ancêtres, franchirent la mer, plutôt que de subir le contact de leurs ennemis.

Ils semèrent leurs colonies d'une extrémité à l'autre de l'Armorique, et bientôt on entendit résonner de nouveau la vieille langue nationale dans les lieux d'où elle avait été bannie, dans la *Domnonée*, la *Cornouailles*, dans le *Bro-Erec*.

Jusqu'où s'étendait-elle en réalité? Sans doute à la presqu'île entière. Elle dut rétrograder en présence de terribles envahisseurs qui survinrent dans la suite, les Normands. Jamais on ne vit pareille destruction. Les hommes fuyaient dans les bois. La *marche de Bretagne* en particulier (Ille-et-Vilaine, Loire-inférieure) devint un champ de carnage. Hélas ! peu à peu elle oublia sa langue, au milieu de ces passages incessants de bandes étrangères. Quand, après un siècle, l'épée d'*Alain Barbe-forte* rendit la liberté au pays, Saint-Malo, Rennes et Nantes ne parlaient plus breton.

Depuis lors, malgré la communauté de race, nous trouvons deux types en présence; d'une part le *Haut-Breton*, de l'autre le *Bas-Breton*; ici le patois *Gallo* issu du français et très apparenté avec le patois Normand, là le *Breton*, la langue des origines, frère des anciens dialectes Gaulois, frère aussi du Cambrien de Galles et du Gaélique d'Écosse et d'Irlande.

Coupez la Bretagne par une diagonale menée de l'embouchure de la Vilaine à la baie de Paimpol, vous aurez la limite des deux langues.

Il y aurait, à coup sûr, exagération à prétendre que cette limite soit demeurée telle depuis les invasions normandes. Si on en juge par les noms de personnes et de lieux, longtemps on continua de *bretonner* dans les pays de Dinan, de Ploërmel, sur les bords de l'Oust, et même autour de Guérande, mais la Bretagne n'était pas aux termes de ses malheurs. Pendant les guerres de *Cent ans*, elle fut le champ clos où aventuriers Français et Anglais venaient vider leurs querelles; pendant les guerres de *la Ligue*, elle fut le terrain de parcours des Royaux de Henri IV et des Ligueurs Espagnols. Ces causes-là expliquent que le breton ait été réduit au domaine qu'il occupe. La Révolution n'y toucha guère. On cite à peine une ou deux communes à l'embouchure de la Vilaine, telles que *Billiers* et *Pénerf*, qui passèrent à la langue française, grâce aux relations établies avec les soldats républicains qui restèrent campés là des années entières. On eut bien une tendance au recul à *Mur*, à *Corlay*; et j'ajouterais *Elven*. Mais ce sont là des faits partiels, en nombre restreint.

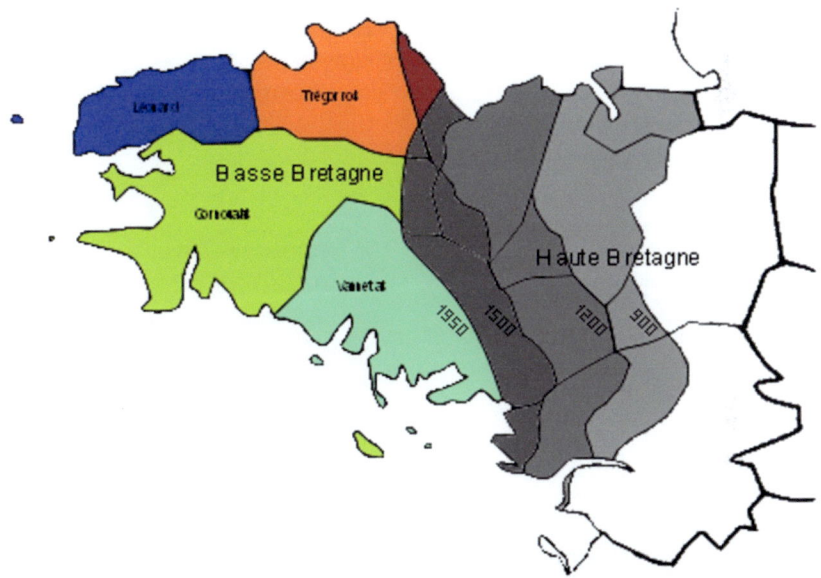

Haute Bretagne = en gris et blanc – Basse Bretagne = en couleur.

En dépit des racontars de polémistes bavards, à court d'inspiration, le Breton n'en demeure pas moins une langue extrêmement vivace et prolifique.
Jugez-en plutôt. En un siècle, des débuts du premier Empire à nos jours, la population de la province s'accroît d'un million d'habitants environ.
Sur ce million, 500 000 appartiennent à la Basse Bretagne. Ce n'est pas précisément une marque de décadence. On évalue actuellement à 1 400 000 le nombre des Bretonnants, en Bretagne, sans compter les essaims qui se sont formés au loin à *Trélazé*, près d'Angers, dans la *Plaine Saint-*

Denis, véritables villes bretonnes en terre étrangère. Est-ce là le signe des langues qui vont mourir ?

En vérité d'ailleurs, de quel droit s'attaquent-ils au parler des ancêtres bretons, ces maraudeurs du journalisme qui ont la manie de tout souiller, à la façon de ces harpies malfaisantes dont Virgile dépeint les mœurs? Le Breton? mais n'est-ce pas la formule de la pensée d'une race, le cri de son âme, l'expression, parfois rude, parfois douce, d'ordinaire poétique, toujours énergique et vibrante des sentiments de son cœur ? L'arracher ! Ce serait couper les ailes à son imagination, abolir ses traditions, détruire son originalité, ce serait mériter la malédiction des vieux parents qui, le soir, au cimetière du village, viennent par les clairs de lune, réciter le *De profundis* en... breton sur les tombes où ils goûtent leur éternel repos.

pas, un baiser se donne ! » Il y a plusieurs mots **bouch** en breton...

Combien le baiser ?

bouchañ v. embrasser.
Gwelloc'h bouchañ kant gwech revr an diaoul evit ur wech beg ur chiker ! « Il vaut mieux embrasser cent fois le cul du diable qu'une fois la bouche d'un chiqueur ! » (Tréboul).

boulc'h m. entame.
Désigne le pucelage. N'en do. ket ar boulc'h anezhañ, me zo paseet araozañ ! « Il ne la dépucellera pas, je suis passé avant lui ! » (Pont-Croix).

boulc'hañ v. entamer ; dépuceler.

bouteg m. -où hotte.
Désigne le sexe féminin, prononcé **boutog** dans le Léon. Mont ouzh ar boutog « aller sur la hotte » et ober ar boutog « faire la hotte » sont deux expressions léonardes pour baiser.

boutegañ v. baiser, faire l'amour.

boutin adj. commun, banal, qui est au service de tout le monde.
Ce qui est le cas de certaines qui louent leurs services : ar merc'hed boutin « les filles publiques ». L'adjectif a servi dans plusieurs surnoms : **toull boutin** « trou à tout le monde », suivant parfois le prénom de la dame : Naig voutin, Anni voutin, etc.

bramm m. -où pet.
Ur bramm glas « un pet bleu (ou vert) » désigne trivialement une fausse-couche.

brazez adj. enceinte.
On dit **brazez** war « enceinte de (un enfant) » et **brazez** eus « enceinte de (qqn) ». D'une femme dont la grossesse est très avancée on dit : brazez-vras, brazez-tenn, brazez-ac'hub, brazez-darev.

brazezañ v. engrosser.

brazezded f. grossesse.

brezel m. -ioù guerre.
Brezel al liñseier « la guerre des draps » désigne les ébats amoureux à Poullaouen. Et à Audierne :

Extrait d'un dictionnaire breton-français

Cette langue, prétend-on, est rude et pauvre, bonne tout au plus pour la plèbe. Qu'en savent-ils? Eux qui la critiquent, la comprennent-ils seulement? Fût-elle d'ailleurs rudimentaire, est-ce un motif pour la tuer?

Le malchanceux qui chemine en haillons n'a-t-il pas autant de droit à la vie que le parvenu qui se pavane en équipage? Pourquoi serait-elle une privilégiée, la langue qui trône à l'Académie ?
Pourquoi serait-elle une paria la langue qui s'abrite sous la chaumière du pauvre ?
Le breton, certes, n'a pas la prétention de devenir un outil aux mains des théologiens et des savants, mais comme il se prête bien à traduire les idées courantes! Il n'est pas de meilleure langue de tout le monde, rien qui exprime avec plus de netteté les premiers sentiments du cœur.
Que les quatre dialectes, *Vannetais, Léonard, Trégorrois* et *Cornouaillais* manquent parfois d'expressions en face de grandes pensées, d'accord ! mais ne voyons-nous pas le *français, l'allemand* et *l'anglais* obligés d'emprunter à autrui ?
Des hommes de même race que les Bretons, des frères qui, après l'invasion anglo-saxonne, ne quittèrent pas la terre natale, les Gallois, ont montré de quels progrès étaient susceptibles les langues celtiques.
Tandis que, dans notre péninsule, on avait l'esprit aux batailles et aux aventures, eux, ils s'occupaient de belles-lettres. Leur sagesse fut récompensée. Par leurs efforts persévérants, ils firent du Cambrien l'une des langues les plus riches, les plus fécondes et les plus harmonieuses de l'Europe. Pourquoi le Breton ne suivrait-il pas leur exemple? Depuis quelques années d'ailleurs, un souffle généreux semble animer les plus nobles intelligences du pays.
Le clergé a pris la tête du mouvement. Il s'est mis à régulariser l'orthographe, à enrichir la langue, à la débarrasser des formes étrangères; avec timidité d'abord, avec hardiesse ensuite, il lui a ouvert les portes de l'école. Les Directeurs de l'enseignement libre ont suivi. Seuls, les instituteurs laïques, par amour de la routine et par crainte de la férule des mandarins universitaires, ont fait opposition. Aussitôt il y a eu progrès sensible.
Aujourd'hui le procès est gagné. On commence à collectionner avec ardeur les monuments de la *littérature bretonne, on glane çà et là les fleurs du sillon, les traditions, les légendes et les chansons. Brizcux, La Villemarqué* et *Le Braz* ont donné tour à tour de superbes chefs-d'œuvre.
Il n'en est pas moins vrai néanmoins qu'un grave danger menace le breton. Il ne vient pas seulement de ces aventuriers de la plume qui s'efforcent de porter la main sur lui; il résulte du fait de ces étrangers qui

de plus en plus nombreux viennent promener leur badauderie ou leur spleen à travers la Bretagne, du fait de Bretons qui, après un séjour plus ou moins prolongé dans les grandes villes, aiment à jouer au distingué, en parlant je ne sais quel charabia français, du fait de ces instituteurs publics enfin qui, sous prétexte de former l'intelligence de leurs jeunes élèves, commencent par leur enseigner à mépriser la langue de leurs ancêtres.

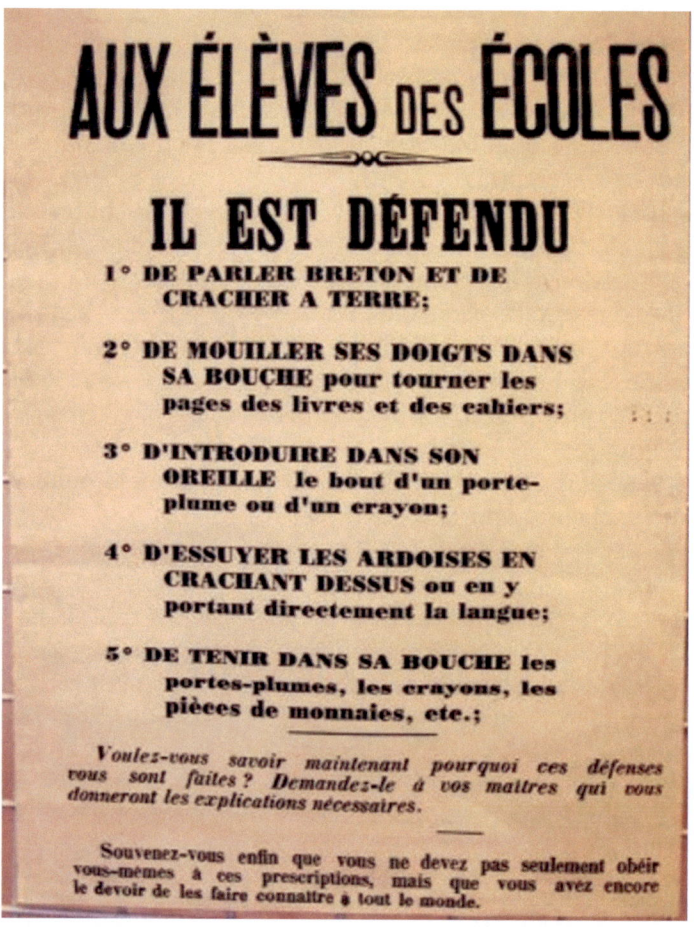

Affiche apposée dans les écoles appelant les élèves à ne pas s'exprimer en breton.

Espérons que le mouvement de réaction récemment inauguré finira par l'emporter. Oh ! langue de mes aïeux, toi qui chantas jadis les exploits d'Arthur et des héros de Bretagne, toi que j'appris tout enfant à bégayer sur les genoux de ma mère, en vain tes ennemis s'efforcent-ils de porter la main sur toi ! Tes racines sont trop profondes dans le sol et ta tige trop vivace : tu vivras !

Vivront-ils aussi longtemps les costumes variés qui ont contribué à donner à la Bretagne son caractère pittoresque ?

CHAPITRE IV

Les Dangers que courent les Bretons.
Le Danger pour le costume

Il y a un fait d'observation qui frappe beaucoup les esprits, pour peu que l'on regarde autour de soi et que l'on veuille voyager: c'est l'empire universel, indiscutable, tyrannique même, exercé par la *mode*.
Franchissez la Manche ou l'Atlantique, partez jusqu'au Pôle Nord, vous penserez peut-être : Ici c'est un roi qui gouverne, là un empereur, plus loin un président. Erreur! ces chefs d'État ne sont eux-mêmes que des subordonnés. Regardez la foule qui circule sur les ponts de Londres ou le long de la 15ème avenue à New-York. Au premier coup d'œil vous êtes fixés. Aux latitudes les plus opposées, dans les milieux les plus divers, vous retrouverez ce souverain au pouvoir sans rival et sans restriction: *la Mode*.

Costume d'Homme   *Robe de Femme*   *Robe de Femme bigouden*

Aucun monarque n'est plus absolu, ni le Tzar blanc avec ses 130 millions de sujets, ni le Sultan des Turcs avec son troupeau d'asservis.

Ses arrêts, il les prononce sans appel, comme s'il était infaillible. C'est à Paris, dans les grands magasins, qu'est le siège de sa domination : à Paris qu'il a l'audience du monde. Il y parle, et vous voyez l'univers s'habiller ainsi qu'il le prescrit, Messieurs en noire redingote, Dames en robes trainantes.

Il ne se met pas en frais d'ailleurs de varier ses formules de commandement. A peine dispose-t-il de trois façons pour les trois continents : l'Afrique, l'Asie, l'Europe. En Afrique, il dit au Nègre d'aller court vêtu, et lui laisse pour assortiment son pagne et un rayon de soleil; en Asie il commande à tout habitant de l'empire Chinois de porter, sur le dos, la chevelure tressée en queue.

Quant aux Européens, c'est à eux qu'il réserve ses manières les plus uniformes et les plus foncièrement ridicules. Aux Messieurs ces intéressants tambours défoncés, connus sous le nom de *hauts de forme*, dont on a fait le dernier article de l'élégance; aux Dames ces coiffures monumentales, vrais parterres de fleurs mortes parmi lesquelles se balancent des oiseaux chimériques. Des pieds à la tête, elle vous tient ses esclaves et malheur à qui s'aviserait d'en critiquer le côté ridicule et la banale platitude.

Il faudrait aller loin, avant de rencontrer des recoins perdus qui échappent à ses lois. En Angleterre, plus rien d'original. Le dernier des Highlanders d'Écosse a renoncé à l'habit national. Adieu le tartan, la jupe courte, la toque à plume de grouse, la longue claymore ballant dans les jambes ! on ne les retrouve plus que chez les soldats du *Gracious King* qui en ont fait un accoutrement de parade.

Sur le continent, même constatation; on ne rencontre plus qu'aux Expositions les élégants bonnets des femmes Suisses. Peut-être cependant réussirait-on à perdre les traces de la Mode Parisienne dans une ile de Hollande noyée dans la brume, dans un village écarté du Tyrol et de la Franconie. Mais on l'a vite retrouvée ailleurs, et l'on est surpris de la rapidité avec laquelle elle s'implante sur les points les plus inaccessibles, en Espagne où l'élégante *mantille* s'en va, en Italie où les robes de couleurs voyantes seront bientôt démodées, en Turquie où turban et culotte bouffante, ont presque disparu, où l'on voit déambuler en *redingote*, le long de la Corne d'Or, les plus zélés sectateurs de Mahomet !

Un pays néanmoins a su tenir ferme, au milieu de cette universelle soumission à l'empire de la mode: c'est la *Bretagne*.

Un Bragon Braz des environs de Douarnenez

Avec son amour de la liberté et son entêtement proverbial, elle n'a pas voulu être esclave.

Je ne parle pas de ceux de ses enfants que les nécessités de la vie arrachent à la terre natale et entraînent dans les grandes villes. Ceux-là, les hommes du moins, ont sacrifié à la mode. Leur timidité naturelle, leur amour-propre aussi, qui leur fait considérer comme le plus grand des malheurs d'être remarqué de la foule, telles ont été les raisons qui expliquent leur soumission à la loi commune. Mais chez elle, la Bretagne est bien restée elle-même. En vain autour d'elle la mode multiplie-t-elle ses efforts. Montée dans les bateaux de l'étranger, elle accoste dans ses ports; grimpée dans le chemin de fer, elle répand dans les campagnes ses représentants sous les traits du fonctionnaire ou du touriste, rien n'y fait. Ceux de ses enfants qui restent au pays gardent la fidélité au costume national. Nullement jaloux des Parisiens, ils sont demeurés Bretons.

Les singulières inexactitudes que se permettent parfois les artistes !

Je me souviens de deux tableaux qui, dans l'un, de nos derniers Salons, furent les plus remarqués. Ils avaient trait à deux épisodes des guerres de l'Ouest. L'un figurait la mort du général Moulin en Vendée, l'autre une scène de la vie de *Jean Chouan* excitant ses gars à la bataille, au milieu d'une forêt du Bas-Maine.

Or dans les deux tableaux on voyait les Vendéens et les Manceaux habillés en Bretons, en veste de toile, en culotte courte, en chapeau rond. Pour reflet d'ensemble, c'était plus beau sans doute : au point de vue de

la réalité, c'était un grossier travestissement, jamais Vendéens ou Manceaux ne s'étant habillés à la façon de Bretagne. A chacun le sien !
Bien que la Bretagne ait gardé son individualité pour le costume, il n'est que juste de reconnaître toutefois qu'elle est loin d'être fixée dans certains types et qu'elle a autorisé bon nombre de modifications.
Où sont maintenant les *Bragon Braz* (les grandes culottes) et les cheveux longs qui donnaient un air si martial? A part quelques vieillards des environs de Quimper et de Pont l'Abbé, partout le pantalon. Où sont les guêtres blanches, la ceinture de cuir à fermoir de métal jaune, les souliers à boucles, la culotte de toile serrée aux genoux, tels que les portaient les hommes du Vannetais, au moment de la Révolution ? Vous ne trouveriez plus que quelques rares paysans des environs de Guémené-sur-Scorff qui aient conservé ce costume du passé.
Je ne sais comment cette pensée me vient à l'esprit, mais il me semble même que la Bretagne, depuis quelque temps, malgré une apparente indifférence aux modes parisiennes, est prise d'un singulier désir de nouveauté, que le costume y perd de son originalité el témoigne d'une certaine tendance à l'uniformité.
En Ille-et-Vilaine et dans la Loire-Inférieure il n'existe plus guère de variétés dans les coiffures des femmes et les hommes ont adopté, pour la plupart, la longue blouse des maquignons vendéens, sans y avoir gagné au point de vue de l'élégance, bien au contraire. Ne citons que pour mémoire les Côtes-du-Nord où le *pays Gallo* s'est voué au gilet et au veston noirs sans ornements, où les *Trègorrois* ont adopté le même type de vêtement, quelque chose qui rappelle le costume de ville, avec le grand chapeau rond pour unique caractère distinctif.
Pour retrouver la véritable originalité, en dehors de toute banalité, il faut voir de préférence la *Cornouailles* et le *Morbihan*. C'est là qu'il faut contempler la foule assemblée aux jours de pardons, en particulier à *Sainte-Anne d'Auray*, à *Quelven*, à *Sainte-Anne la Palud*, à *Rumengol*. Ce sont de vrais montres de costumes bretons.
Il y a là le Pontivien, en veste blanche de *mouton*, le *Gallo* et le *paysan de Vannes* et de *Lorient* en veste noire à parements de velours, le *Cornouaillais de Quimperlé* avec le Saint Sacrement sur le dos, le rude gars de *Quimper*, entièrement habillé de bleu. A chaque canton, ce sont des coupes, des façons nouvelles, et au milieu de ces hommes aux

Saint-Ave - Costumes Vannetais

accoutrements bizarres, on voit voltiger les blanches coiffes de femmes, tels des vols d'oiseaux de mer, tout au long de la plage.

Ici, c'est la femme de *Fouesnant*, aux allures de reine, avec sa collerette du temps d'Henri IV et son bonnet gracieusement replié et fleuri de dentelles des deux côtés de la tête; là, c'est la femme des *Iles du Morbihan*, sa longue coiffe retombant sur le dos, comme une queue d'hirondelle; plus loin l'*Alréenne*, avec ses airs de miniature de la duchesse Anne, les rebords de la coiffure largement développés autour du front, comme des ailes d'oiseau écartées. Tout cela est exquis de simplicité, de grâce et de couleur locale.

Vraiment la Bretagne, dans sa variété, n'a rien à envier aux pays qui sont asservis au joug de la mode.

En ce siècle de transformations, où les hommes ont tant renié de leurs traditions, elle semble s'entêter à rester fidèle au passé. On aime à la voir cheminer, comme une douce vision du temps jadis, sur la tête sa blanche coiffe, sur la poitrine sa croix d'or et dans son cœur sa foi vaillante. Mais combien de temps cela durera-t-il encore ?

Si elle doit livrer de rudes combats pour ses croyances et pour sa langue, elle ne doit pas manquer de vigilance non plus en ce qui concerne le costume. D'année en année elle devient le terrain de parcours des touristes étrangers, d'année en année ses fils s'en vont plus nombreux chercher au loin la fortune : ce sont là autant de fourriers du Parisianisme. Qu'elle veille à conserver son costume; qu'elle veille surtout à conserver *sa vie*, car en ce moment un ennemi terrible la menace dans sa vie même, l'*alcoolisme*, en remplaçant les anciennes boissons hygiéniques.

CHAPITRE V

Les Dangers que courent les Bretons. — L'alcoolisme

Les Bretons boivent, dit-on; ils boivent même beaucoup. On l'affirme si souvent, avec tant de conviction, avec tant d'autorité, qu'on aurait tort de ne pas le croire.

Il y a peut-être en cela l'histoire de la *paille et de la poutre* et certaines gens qui ont l'anathème facile seraient bien inspirées de se frapper elles-mêmes la poitrine. On citerait des régions du Nord qui tiennent une place beaucoup plus marquante que la Bretagne dans les Annales de la beuverie; on trouverait des vallées d'*Auge*, qui ne sont pas précisément en Armorique, où des hommes qui se mettent à table avec le soleil de midi, se laissent surprendre, assure-t-on, le verre de Calvados en main, par le chant matinal du coq.

Mais à quoi bon discuter ? C'est un proverbe reçu, et contre les proverbes on ne s'insurge pas : Boire comme un Irlandais, comme un Polonais, et aussi comme... *un Breton*.

D'ailleurs, nous n'entendons nullement engager un plaidoyer ici, nous voulons simplement mettre les choses au point.

Un prêtre de Paris naguère, M. l'abbé *Ract*, publiait sur l'*Alcoolisme*, en France, une étude saisissante. La Bretagne y tenait sa part, et non la moindre, hélas ! et néanmoins le chapitre qui lui était consacré méritait plus d'un supplément.

Ceux qui ont abordé ce triste sujet n'ont eu qu'une pensée : connaître l'étal actuel des choses.

Ce que buvaient les Anciens et dans quelle mesure ils buvaient, ils ne s'en sont guère préoccupés. Ne serait-ce pas une histoire intéressante cependant ?

Que pouvaient bien être, à ce point de vue, les ancêtres Bretons? De robustes buveurs, sans doute, comme ils étaient de terribles soldats.

Sans remonter à l'époque où, dans le crâne de leurs ennemis, les guerriers étanchaient leur soif, en buvant l'hydromel, au retour de la bataille, la Bretagne connut, dès l'origine, une liqueur qu'elle adopta pour boisson nationale: le *Cidre*.

Le Cidre en Bretagne

Une de ces légendes gracieuses qui fleurissent à la surface de notre pays, ainsi que les bouquets d'ajonc au milieu des landes, nous représente un de nos saints thaumaturges, *saint Samson*, occupé à planter les premiers pommiers. Le vent avait poussé sa barque vers le Marais de *Dol*, dans une région malsaine, que la mer, à marée haute, balayait de ses eaux. D'un mot, le saint dompta les dragons qui l'infestaient; il évangélisa les hommes et, pour les récompenser de leur docilité, il leur donna l'arbre à cidre.

Les gens du voisinage profitèrent de l'aubaine; on planta des pommiers partout, et depuis lors, chaque année, avec les premières caresses du printemps, on voit la Bretagne se couvrir d'une blanche parure de fleurs, telle une jeune fille qui se prépare aux fiançailles.

Depuis lors aussi les Bretons profitent largement du cadeau du Saint.

Des récits qui remontent jusqu'au cycle d'Arthur nous représentent déjà les héros de la Table Ronde comme de grands amateurs de cidre. *Merlin* l'enchanteur professe un culte réel pour le pommier : « *O pommier,* dit-il, *doux et cher arbre, je suis tout inquiet pour toi; je tremble que les bûcherons ne viennent et ne creusent autour de la racine, et ne corrompent la sève, et que tu ne puisses plus porter de fruits à l'avenir !*» Que de Bretons ont tenu le même langage ! On s'explique par là que le cidre, jusqu'à nos jours, n'ait pas été détrôné, et que les pichets, dans toute la péninsule, chantent, comme jadis, la chanson de l'arbre à pommes.

Un concurrent néanmoins essaya de s'insinuer dans la suite, désireux lui aussi de conquérir l'Armorique; c'était le *vin*. A la table des Ducs, on fit volontiers bon accueil à la liqueur couleur de pourpre, exportée par Bordeaux et la Rochelle. Le peuple, malgré tout, restait fidèle au cidre.

Non contente de s'étendre le long des coteaux de la Loire, la vigne eut l'audace de pénétrer jusque dans la Basse Bretagne, aux environs de Vannes. Il y a là, le long des eaux vertes du golfe du Morbihan, une presqu'île au climat singulièrement doux, la *presqu'île de Rhuys*. C'était là que jadis *Abailard* était venu cacher sa pénitence; là que s'élevait *Sucinio*, le Sans-souci, où les souverains bretons aimaient à se reposer des fatigues du gouvernement. La vigne eut vite fait de gagner la région. Hélas ! si elle se distingua par l'exubérance de sa végétation, elle se distingua également par l'amertume de ses produits. Chacun sait l'aventure de ce chien d'un membre du Parlement de Bretagne qui, au temps du bon roi Henri, s'avisa de manger une grappe du raisin de Rhuys et qui en fut tellement incommodé qu'il se prit à aboyer contre la vigne.

Mais que ne raconte-t-on pas ! Ce qu'il y a de certain, c'est que la vigne s'est arrêtée à la presqu'île de Rhuys et que le vin n'a pas détrôné le cidre en Bretagne.

Plus dangereuse aurait pu être la *bière*. Elle est d'introduction plus récente. Les soldats que les nécessités de la lutte contre les Chouans amenaient dans le pays rapportèrent avec eux. Son bon marché lui permit de s'acclimater, pas assez cependant pour devenir jamais une concurrente sérieuse du cidre. Bière de *Nantes* ou de *Redon*, de *Pont-Scorff*, de *Pontivy*, ou de *Morlaix*, les brasseurs s'y prirent d'ailleurs tellement bien pour lui donner de l'amertume que les buveurs les plus obstinés n'auraient pu y prendre goût.

Il n'en fut pas de même d'un breuvage plus récent, autrement terrible dans ses effets : *l'alcool*.

C'est vers la moitié de ce siècle que la boisson maudite, le *gwin ardant* (le vin de feu) du peuple, s'introduisit dans la province. Les grands travaux entrepris alors, les chemins de fer, l'émigration vers les villes, en y apportant de nouvelles idées, y amenèrent aussi ce produit nouveau. Comme une gangrène, le mal pénétra d'un bout à l'autre du pays.

Aujourd'hui la Bretagne entière en est la victime. Plus particulièrement atteinte néanmoins est la région du *littoral*. De Saint-Malo à Saint-Nazaire, le sinistre pourvoyeur de la folie et de la mort est le maître incontesté. Les *ports*, voilà les milieux où, avec la tolérance des pouvoirs publics, on prépare lentement l'empoisonnement d'une race.

Sans doute l'intérieur a résisté davantage. Plus heureuse que la zone côtière où le vent du large brûle la fleur des arbres, il est demeuré la région bénite de saint Samson, où s'épanouissent les pommiers, où l'on trouve les crûs délicieux de l'*Oust* et de *Vitré*, de *Loudéac* et de *Quimperlé*.

Pas plus que sur la côte peut-être, l'homme n'est là non plus un modèle de sobriété. Il n'est pas rare d'y entendre, au soir des Pardons et des Marchés, la voix de chanteurs qui, longtemps dans la nuit, racontent aux échos les libations de la journée et les troubles de leur cerveau. Mais combien différente cette ivresse sous forme gaie, parfois même pieuse, qui n'éteint jamais la raison, de l'ivresse alcoolique telle qu'on la déplore sur les côtes, ivresse abrutissante qui ravale l'homme au rang de la bête ! N'y a-t-il pas à redouter que l'intérieur ne se laisse gagner à son tour ? Depuis quelques années, il y a eu disette de pommes, à plusieurs reprises, et l'on s'est mis à boire des liqueurs apportées du dehors; les femmes elles-mêmes, après avoir longtemps arrêté leurs faveurs sur le classique *café au lait*, ne craignent plus, lorsqu'elles sont plusieurs commères ensemble, d'aborder l'atroce *eau vulnéraire*; les hommes sont allés tout droit à ce qu'ils appellent *la Purée*, c'est-à-dire à l'absinthe sous sa forme la plus déprimante. Où s'arrêtera-t-on ?

Au Congrès régionaliste de Vannes, il y a deux ans, on nous citait des chiffres d'une effrayante éloquence. On nous montrait les cabarets se multipliant d'une façon insensée, dans la région de Morlaix et de Brest. On nous prouvait le dépérissement de populations entières, au point qu'à Douarnenez, entre autres, au dernier recrutement on était obligé d'éliminer la moitié du contingent pour incapacité au service; on pourrait en dire autant de nos pauvres compatriotes émigrés qui viennent s'engouffrer dans les usines des grandes villes.

Dès lors le remède s'impose, prompt, énergique et souverain. Les statisticiens prétendent, au contraire de l'opinion reçue, que la Bretagne vient longtemps après le Nord et la Normandie dans les annales de l'alcoolisme, et que le Finistère, le plus atteint de ses départements, arrive seulement avec le numéro 17 dans la liste. C'est déjà trop. Il est temps que les bonnes volontés se réunissent et si, comme en Irlande, il ne se rencontre pas un Père *Matthew* pour prêcher la croisade antialcoolique, il finit que notre clergé organise la sainte ligue de la tempérance. Il en est temps, prêtres de Bretagne; il y va du salut de notre race! Luttez contre l'alcoolisme, mais si vous m'en croyez, vous chercherez aussi les remèdes aux maux occasionnés par un danger aussi grave : l'*Émigration*.

TROISIÈME PARTIE
****

LES BRETONS HORS DE BRETAGNE

CHAPITRE PREMIER

Les origines de l'Émigration

Au cours de notre précédente étude sur l'Émigration bretonne, nous avons eu l'occasion d'examiner en détail les causes qui déterminent ce grand fléau contemporain. Nous n'y reviendrons que très sommairement; ce n'est pourtant pas que l'envie nous manque de répondre à ces personnes éplorées qui sans cesse ont les bras au ciel, quand il s'agit de plaindre le sort des malheureux émigrés, mais qui ne lèveraient pas le petit doigt pour améliorer leur condition. Nous nous contenterons d'indiquer seulement ici la cause qui domine toutes les autres dans un pays pauvre, au milieu de familles dont le nombre des enfants s'accroît beaucoup au-delà des ressources: la *nécessité de vivre*. Il faut du pain! car c'est le cri de la nature et personne ne serait assez fort pour l'étouffer.
Il est vrai pourtant que de soi-disant bienfaiteurs de l'humanité avaient répété maintes fois :
Faisons triompher les *Immortels principes* et nous inaugurerons une ère de prospérité sans égale. Entre les provinces supprimons les obstacles, de nations à nations établissons des liens; que les pauvres bénéficient de la surabondance des riches, et dès lors la Famine sera bannie de la terre;

Paysan breton éleveur de porcs

d'un bout de la France à l'autre, l'homme jouira en paix du produit de son travail; le Provençal reposera en paix sous son olivier, le Gascon sous sa vigne, le Breton sous son pommier; le paysan mettra la poule au pot.

Les temps de promission sont accomplis. Finies maintenant ces grandes migrations de peuples affamés qui marquèrent le déclin de l'Empire romain, lorsque les barbares, quittant la forêt germaine et les steppes sarmates envahirent en foule les riches régions de la Méditerranée.

Finies les chevauchées chimériques qui bouleversèrent l'existence de nos ancêtres au Moyen-âge, lorsque, soulevée par les passions religieuses, la Chrétienté entière se ruait contre les fils de Mahomet, pour leur arracher le tombeau du Christ. Finies les haines de races qui tant de fois mirent aux prises Français et Anglais. Les rois guerriers ne sont plus. On n'entendra plus à travers les océans l'hallali des corsaires lancés à la poursuite de l'ennemi national. Nous n'avons plus que faire de *Duguay-Trouin* et de *Surcouf* et la voix du Barde ne trouvera plus d'écho, lorsqu'il entonnera son chant de guerre:

> Quand le bruit du Tracas des armes
> Nous rappelle un peuple maudit,
> Il faut du fer et non des larmes,
> Le luth se tait, le cœur bondit.
> L'âge d'or est apparu ! Vivons en paix !

Ainsi ont parlé les Prophètes de la liberté et de la fraternité. — Hélas! quel réveil ! La Révolution vient à peine de fixer les assises de l'édifice nouveau et voici que des rumeurs étranges circulent parmi les hommes;

un cri s'élève: *J'ai faim!* sinistre précurseur des grandes commotions, et ce cri va de la campagne perdue aux rues tortueuses des cités. Il retentit de partout à la fois : de l'*Irlande* depuis cinquante ans, de l'*Inde* où des millions d'hommes meurent d'inanition, d'*Angleterre* où l'armée du paupérisme envahit les villes en masses profondes, de l'*Italie*, de l'*Espagne* où la terre ne nourrit plus les siens; il s'élève de Paris où 100 000 personnes, chaque matin, se posent la plus douloureuse des interrogations : Que mangerons-nous aujourd'hui ? Il s'élève de la *Bretagne* où le paysan, derrière sa charrue, consulte l'avenir avec inquiétude, en constatant que, dans sa chaumière, augmente le nombre des enfants, que son champ, malgré ses fatigues, demeure aussi stérile, et que chaque jour les produits étrangers occupent davantage la place des siens jusque sur les marchés de son pays.

Il faut du pain ! Ah ! certes, c'est un triste refrain que celui-là, en ce siècle qui avait tant promis, et quand on l'entend quelque part, il est inutile d'aller chercher loin les origines de l'émigration. Quelle faillite pour les utopistes de la Révolution!

Doit-on croire pour cela que notre France soit frappée de malédiction et que son sol généreux se refuse à produire les moissons abondantes ? Loin de là. Contemplez plutôt la riche plaine de *Flandre*, l'inépuisable plateau de *Beauce*, la *ceinture dorée de Bretagne*. De partout un hymne d'allégresse semble jaillir du sein de la nature; partout l'homme semble répéter : Je sème et le Ciel bénit mes efforts; dans l'épi qui grandit sur le sillon Dieu multiplie la graine, au centuple.

Et pourtant, toujours comme un leitmotiv le cri de détresse retentit: *J'ai faim*, et le long des chaussées des villes, le bataillon des miséreux grossit sans cesse; le long des chemins de l'Émigration les hommes se pressent à la recherche de nouvelles patries.

Ils ont faim, nos producteurs, non pas parce que le blé manque, mais parce que l'étranger qui en récolte davantage vend à meilleur compte et les prive du prix qui revient naturellement à leur labeur.

Cette fois, malgré les racines profondes qui le fixent au sol, c'est le travailleur de la terre, le paysan, l'autochtone, qui se déplace, c'est la force vive de la patrie qui se transporte ailleurs.

Il s'en va, car, sur la table du Français, il sait qu'on ne sert plus le pain de France. Il s'en va, car il comprend que les barrières les plus hautes seront un vain obstacle contre le trop-plein des greniers de l'étranger.

Vieux Paysan Breton

Il s'en va, car le plus clair de son revenu passe dans la poche des intermédiaires et il se dit que vraiment c'est se donner trop de peine que de travailler pour des parasites.

Les intermédiaires ! Qu'ils soient juifs ou judaïsant, qui oserait leur résister ? Ils sont les rois du marché et d'ordinaire ce sont les Gouvernements qui leur prêtent la main eux-mêmes. Plus tard lorsque, dans notre France, Pâturage et Labourage, si chers au bon roi Henri, n'existeront plus, lorsque le dernier paysan aura quitté sa charrue, c'est à eux qu'on pourra en faire remonter la responsabilité. Il n'est pas de meilleurs artisans du désastre. Entre le producteur et le consommateur, il leur faut la part de Shylock et c'est de la sueur du pauvre qu'ils accroissent leur fortune.

Dès maintenant déjà du reste il nous est permis de constater leurs ravages. Ils sont les pourvoyeurs de la faim : « *la faim, dit une chanson populaire,*

> *La faim arrive du village*
> *Dans les villes par les faubourgs...*
> *Malgré la poudre et la mitraille,*
> *Elle traverse à vol d'oiseau*
> *Et sur les plus hautes murailles*
> *Elle plante son noir drapeau.* »

Ils sont dès lors aussi les pourvoyeurs de l'Émigration avec ses déplorables conséquences.

Il n'y a pas encore bien longtemps qu'on s'est préoccupé de dresser la statistique des multitudes d'Émigrés que chaque année la campagne jette de la sorte sur les villes. C'est seulement vers 1891 qu'on l'a tenté pour

Paris et l'on est arrivé à cette constatation stupéfiante que plus de la moitié de la population parisienne se composait d'étrangers et de provinciaux et qu'une bonne partie de l'autre moitié comprenait des fils de provinciaux nés à Paris. L'homme d'extraction purement parisienne, depuis plusieurs générations, devient une rareté.

Mais entre toutes les provinces il en est sur lesquelles le mirage de la capitale exerce une fascination plus regrettable, telles sont la Bourgogne, l'Auvergne, la Normandie, la Bretagne. On y compte, dit-on, 80.000 originaires du département de l'Yonne, 60.000 de l'Aveyron, 200.000 de l'Auvergne, 200.000 de Normandie, 150 000 de la Bretagne. Chaque année l'apport de cette dernière province est de 1500.

Où et quand s'arrêtera le fléau ? Nul ne le sait; mais ce que tout le monde sait bien aujourd'hui, ce sont les déplorables conséquences qu'il produit chez les Bretons, c'est la *perversion morale* qui trop souvent tue les âmes avec le sentiment religieux, ce sont les privations de toute nature, ce sont les *maladies impitoyables* qui, à la fleur de l'âge, viennent faucher leurs vies.

CHAPITRE II

Les conséquences de l'Émigration — L'immoralité des Bretons émigrés

Arbre transplanté ne profite guère.
Les avez-vous remarquées, sur nos promenades et dans nos serres, ces plantes exotiques que la rapacité des chercheurs arrache à leur patrie d'origine ? L'écorce desséchée, les feuilles jaunies, les branches ballantes, elles végètent, elles s'étiolent, elles perdent leurs frondaisons. Il leur manque le ciel lumineux des terres australes. Vienne le vent d'hiver plus violent et plus âpre; on voit leur tête s'incliner vers le sol, comme des poitrinaires qui portent leur mal au cœur; puis c'est la mort.
Telle est la comparaison qui se présente à l'esprit, quand on lit l'élude publiée par M. *H. Joly*, il y a quelque temps, dans la *Revue encyclopédique,* sous le titre : *L'Émigration provinciale et les arrestations à Paris.*
Combien vraie surtout, quand il s'agit des Bretons! L'auteur nous dit que ce fut une révélation pour lui, presque un scandale, d'apprendre, par les statistiques du département de la Seine, en 1891, que nos compatriotes figuraient au premier rang, au point de vue de la criminalité à Paris.
Singulières proportions en effet. Tandis que là-bas, sur la terre natale, ils méritent le prix de vertu et que les Côtes-du-Nord, entre autres, tiennent la tête pour la moralité, après les Deux-Sèvres, parmi les départements français, les rôles deviennent tout différents à Paris. Renversement complet ici.
Voyons plutôt les chiffres.
Étant donné que, sur 1000 de ses originaires établis sur les bords de la Seine, chaque département compte une moyenne de 10,7 arrestations par an, les Bretons de Paris ont, avec les Normands, le triste privilège de fournir aux tribunaux leurs plus nombreuses victimes. En 1836, le Finistère marquait la dernière place; pour le prix de vertu, la 86ème avec 25,2 arrestations, les Côtes-du-Nord l'avant-dernière, avec 19,8, et les

trois autres départements présentaient encore les proportions lamentables de 17,8 pour le Morbihan, de 15,3 pour l'Ille-et-Vilaine, de 13,3 pour la Loire-Inférieure.

Depuis ce temps, parait-il, il s'est produit une certaine modification dans le sens du bien; il n'en est pas moins vrai que le triste cortège de Bretons qui se pressent vers le cabinet du Juge d'instruction est loin de prendre fin.

Sans doute, il s'agit d'ordinaire de simples délits; ivresse, vagabondage, violence. Aucun de ces crimes qui épouvantent l'imagination et qui entraînent surtout les hommes des villes. Non, grâce à Dieu, même sous les livrées de la misère, dans ses habits râpés, le Breton reste honnête. Son ennemi, c'est l'isolement, c'est la timidité, c'est l'abandon de soi.

Une fois sur le pavé glissant de la capitale, c'en est lait de ces traditions, de ces habitudes de famille qui l'enveloppent, qui le pénètrent; qui le maintiennent dans les limites du devoir. Désormais surgit la réalité brutale; ici commence la lutte pour la vie.

Où trouverait-il un refuge ? A l'église ? Elle a des allures si élégantes, il s'y presse du « *si beau monde* »; est-elle faite pour lui ? Les saints eux-mêmes ont l'air bien étranger. L'écouteraient-ils ? Combien volontiers ne répèterait-il pas avec le poète :

> Oh ! saints de mon pays, secourez-moi !
> Les saints de ce pays ne me connaissent pas.

Dès lors, c'est fini. Voilà la taverne; ses boissons enivrantes donneront au paria une heure d'oubli.

De chute en chute, il roulera dans l'abîme; ni gendarme, ni policier qui tienne alors. Le Breton qui oublie Dieu ne redoute plus rien; aujourd'hui c'est du vagabondage; demain ce seront des actes de violence. Et pour le secourir, pour le relever, pas une main n'était tendue. Pas une province n'avait moins fait jusqu'ici pour les siens que la Bretagne. « *Les dilettanti, dont l'érudition... et le scepticisme embellissent chaque année les banquets celtiques, n'ont jamais été d'un très grand secours pour les pauvres gens débarqués de Morlaix ou de Pontivy.* »

Ainsi s'exprime M. H. Joly, et, en le relisant, on ne peut s'empêcher de se remémorer ces paroles de notre *Brizeux*:

> Oh ! ne quittez jamais le seuil de votre porte !

> Mourez dans la maison où votre mère est morte.
> ....
> Car une fois perdu parmi ces capitales,
> Cet immense Paris, aux tourmentes fatales,
> Repos, douce gaité, tout s'y vient engloutir.

Il ne faut pas se faire d'illusion, en effet, depuis *que la vieille chanson qui berçait la misère des gens est repartie au ciel,* depuis que l'égoïsme trône en maître dans les cœurs, la condition des malheureux soumis à la *dure loi d'airain,* celle de l'Émigré breton entre autres, est devenue lamentable.

Aussi, plus souvent encore que dans les villages perdus de nos campagnes, entend-on, chaque jour maintenant, dans les carrefours de Paris et des grandes villes, le long cri des faibles et des opprimés.

Ne l'avez-vous pas entendu ce cri ? Chez ceux-ci il dit: *J'ai faim*; chez ceux-là: *Je pleure*; chez tous: *Je souffre*; trop souvent hélas ! il dit : *Je hais !*

Il est devenu si fort, il est si intense, que l'écho l'a porté jusqu'aux Palais des Grands. Les heureux du monde, en l'écoutant, ont pu se demander parfois s'il ne contenait pas une menace à leur adresse. Qui sait ? Ils seront bien inspirés, en tout cas, d'y songer, ceux-là à qui la fortune a prodigué ses dons et qui trop fréquemment ont amené, par leurs exigences, leurs injustices et leurs duretés, des larmes dans les yeux et des déchirements dans les cœurs. Ils feront bien de se souvenir du *misereor super turbam* qui retentit, voilà dix-huit cents ans, sur une montagne de Galilée et qui n'a pas été remplacé par les lois que les hommes ont édictées.

Ah ! oui, vraiment, ils ne s'engagent que trop, nos Émigrés Bretons, dans les voies de l'inconduite et de l'irréligion. Au bout de quelques années de séjour, dans la capitale, on ne les rencontre guère à l'église et c'est la taverne qui est leur lieu de rendez-vous préféré. Mais est-ce à eux seuls qu'en incombe la responsabilité ? Non.

Au débarqué sur le pavé de Paris, un mot a frappé aussitôt leurs oreilles : Malheur aux Petits ! et ce mot est allé à leurs cœurs. Ils ont bien vite appris combien Paris est dur aux Bretons, quelles lamentables odyssées il leur réservait. Vont-ils trouver leurs compatriotes riches ? On leur chantera l'antienne du *Rapatriement*; quant à les aider à trouver leur gagne-pain, fi donc ! cela dérangerait trop les habitudes mondaines; on s'en débarrasse avec une pièce de 5 fr. et une parole banale.

Vont-ils chez les étrangers ? Ceux-ci accepteront volontiers leurs services : un Breton, c'est honnête, c'est travailleur, ça se donne au rabais, c'est taillable et corvéable à merci, mais, hormis des familles chrétiennes qui agiront chrétiennement à leur égard, on n'aura pas idée que ces simples ont une âme, qu'ils ont été baptisés et qu'il conviendrait de leur faciliter l'accomplissement de leurs devoirs religieux.

Domestiques, ils sont nourris parcimonieusement et relégués au sixième, dans un galetas sans air et sans feu trop souvent; ouvriers, on leur réserve les corvées les plus rudes et les plus répugnantes. Après cela, étonnez-vous que dans ces âmes on sente gronder la colère, qu'il y naisse de terribles rancunes, que le vice s'y acclimate, à la place de la vertu.

Croyez-m'en, privilégiés de la fortune, dans votre intérêt même, pitié pour les pauvres Bretons ! pitié, maitres, pour vos domestiques ! pitié, patrons, pour vos ouvriers ! Ils sont vos frères devant le Christ. Pitié, car c'est ainsi que vous éteindrez leurs haines et que vous satisferez à la justice divine! Pitié, et souvenez-vous de cette recommandation de l'un de nos poètes populaires en faveur des malheureux :

> Mar scoanm ar doul hou torr,
> M'hou ped, digouret d'hé
> Doué elcé, men breder,
> 'zigoro d'hoh ...en dé.

(S'ils frappent à votre porte, je vous prie, ouvrez- leur; Dieu ainsi; mes frères, vous ouvrira un jour.)
Barzaz Breiz : La Chanson des Chouans.

CHAPITRE III

Les conséquences de l'Émigration. — La tuberculose.

D'ordinaire, quand les Bretons et les Bretonnes arrivent à Paris, pour la première fois, on est frappé de leur air de santé physique et morale. Laissez passer quelques années, et vous verrez le changement. Ce n'est pas seulement le *danger moral* en effet qui les menace, c'est encore le *danger physique* : la maladie sous toutes ses formes. Parlons-en.
Aussi bien, d'ailleurs, il nous semble que cette étude serait incomplète, si nous ne traitions cette question qui intéresse vivement nos Émigrés Bretons. Paris, c'est bien la ville où la lutte pour le gagne-pain est la plus rude, où les mœurs et les croyances courent les plus grands dangers, Paris est surtout la ville qui tue. Parmi les nombreux maux qu'elle enfante en effet, il en est un qui y règne universellement, plus terrible que la peste, plus effrayant que le choléra, s'attaquant aux gens jusque dans la moelle, épuisant le sang et dévorant les poumons, et ce mal frappe des milliers de victimes chaque année et ce mal sévit en particulier parmi les Bretons : c'est la Tuberculose.
Avez-vous parcouru parfois les salles de nos hôpitaux?
Il y a là des malades qui s'éteignent misérablement, en crachant le sang à pleine bouche.
Quand on passe devant leur lit, on aperçoit un numéro d'ordre; personne ne sait d'où ils viennent.
Ils sont entrés le matin, à l'heure des consultations, presque à l'insu de tous; ils ont souffert, résignés et stoïques, sans jamais recevoir la visite d'un ami: puis ils s'en sont allés un soir dans un autre monde, tels de pauvres chiens égarés qui se laissent écraser dans un coin de rue.
L'infirmière passe, ne perçoit plus de souffle et appelle le fossoyeur.
C'est tout. Regardez le nom: d'ordinaire c'est un Breton. Il est entré comme un inconnu, il est parti comme un inconnu et il n'a pas demandé le prêtre : *il n'a pas osé.*

Interrogez maintenant : De quelle maladie est-il mort ? Il est rare qu'on ne vous réponde: De la *Tuberculose*. La Tuberculose, oui, voilà bien la maladie des Bretons à Paris.

Dans une de ces thèses de Doctorat en médecine, aussi démonstratives qu'un théorème, aussi froidement éloquentes que peut l'être un chiffre et une preuve mathématique, un Breton M. *Renault*, aujourd'hui médecin à Quimper, abordait cette grave question, il y a trois ans. Il avait passé successivement dans les principaux hôpitaux de Paris, étudiant les maladies, relevant les noms des défunts, depuis cinq ou six ans, et ses conclusions étaient celles que nous indiquions plus haut. Comme nous, il s'écriait : Compatriotes, prenez garde ! l'ennemi est là, la tuberculose vous guette. Quelle navrante statistique! Qu'on en juge par ce petit aperçu de l'année 1898-99.

A *Cochin*, il mourait 143 tuberculeux, sur lesquels on comptait 25 Bretons; à la *Charité*, 179 tuberculeux et 33 *Bretons*; à *Laënnec* 107 tuberculeux et 30 Bretons; à Necker, 162 tuberculeux et 43 *Bretons*.

Oui vraiment, il y a lieu de s'inquiéter, car il y va de l'avenir des nôtres à Paris. Pauvres enfants de la Bretagne, on les voit débarquer un matin dans la capitale, les hommes trapus, musclés et noueux comme des troncs de chêne, les jeunes filles alertes, fraîches et rosées comme les fleurs de mai. Quelles transformations bientôt ! On dirait des plantes sur lesquelles a soufflé le vent de bise. Les yeux enfoncés, les joues creuses, le teint décoloré, ils sont anémiés au dernier point et leur démarche fait peine. L'ennemi est là, tel le ver rongeur dans le cœur de l'arbre.

Pourquoi ? Autant vaudrait leur demander l'histoire de leur lamentable odyssée.

Les voilà loin les jours où l'on promettait aux siens de revenir au pays, les poches garnies d'écus sonnants. Il a fallu se loger, Dieu sait comme, les ouvriers dans des soupentes malsaines, les domestiques dans des galetas sans air. En Bretagne, l'habitation, certes, n'était pas un hôtel, du moins y respirait-on à l'aise et les poumons se dilataient largement dans la vivifiante atmosphère des grèves et des landes.

Il y avait toujours, quelque pauvre que l'on fût, une croute de pain noir dans la huche. Bien souvent ici, hélas! après des journées de labeur, les privations et les jeûnes. Au Breton, s'il est ouvrier, la besogne répugnante de l'usine, celle dont ne voudrait pas le dernier des forçats; à la Bretonne, si elle est domestique, le travail de trois employés. C'est là bête de somme qu'on peut charger à plaisir, sûr qu'elle ne se plaindra pas, sûr aussi qu'elle ne sera pas exigeante sur le salaire.

Les Bretons à Paris par Paulette de la Mer

La conséquence ? En vérité, il y a des limites à l'énergie, comme à la bonne volonté de l'homme. A force de souffrir, parfois il éprouve le besoin d'acheter, comme on l'a dit, « *pour un quart d'heure d'oubli.* » Or, l'oubli, c'est la taverne qui le procure. Voilà le Breton livré à l'alcoolisme et aux excès les plus funestes. Attendez maintenant la suite. Voyez se dissimuler derrière la porte du paria cette visiteuse à l'aspect sinistre. Lentement elle se glisse, lentement elle pénètre au dedans, à l'insu de sa victime, puis brusquement elle se jette sur sa proie. Demain, il faudra un nouveau lit à l'hôpital, un nouveau numéro à la suite au cimetière commun : la tuberculose aura achevé son œuvre. La vieille mère; au pays, attendra en vain le retour de son gars. Elle pourra répéter à loisir la complainte populaire :

La mort est descendue au pays d'Elliant, tout le monde a péri...
Sur la place on trouverait de l'herbe à faucher, hormis dans l'étroite ornière de la charrette qui conduit les morts au cimetière.
Le cimetière est plein jusqu'aux murs; l'église pleine jusqu'aux degrés.
Il faut bénir les champs pour enterrer les cadavres.
(Barzaz-Breiz. — La Peste d'Elliant).

C'est le chant que murmurent les tuberculeux Bretons de Paris, quand ils sont couchés sur le dur grabat de l'hôpital. Que les compatriotes restés au pays rapprennent et qu'ils prient pour ceux que la mort fauche ici par centaines chaque année !
Que les compatriotes qui sont à Paris, et à qui Dieu fait la grâce de conserver santé et robustesse, rapprennent à leur tour, afin que mis en garde contre le fléau, ils se renseignent sur les moyens d'échapper à son étreinte.

CHAPITRE IV

Les Remèdes à l'Émigration. — L'Établissement de Paroisses Bretonnes à Paris et parmi les groupes d'Émigrés. — Conclusion.

Après cette étude sommaire de l'Émigration bretonne et des maux qu'elle engendre, un mot vient naturellement aux lèvres: Hé bien! où est le *remède?*

Le Remède : il ne peut être que dans l'*association*, mais non pas dans l'association à la façon de ces Sociétés de *congratulation mutuelle* où de doux vieillards et des philanthropes convaincus festinent ensemble une fois l'an et croient avoir guéri le *mal social*, en buvant à l'extinction de la misère: non pas davantage dans ces associations qui se figurent avoir tout fait, lorsque, à l'issue d'une cérémonie pieuse, elles ont fait distribuer un certain nombre de bons de fourneaux aux malchanceux du quartier qui les ont sollicitées.

Ce qu'il faut, c'est l'association durable, permanente, animée de la vraie charité chrétienne, soucieuse des besoins les plus pressants de ses membres, avec une âme pour la guider, en dehors de toute préoccupation de parti politique, de coterie, de jalousie, de dénigrement.

Or ce type d'association est précisément celui qui a été inauguré par l'Église, dès les origines, celui qui est demeuré le plus populaire en Bretagne, celui que nos Bretons émigrés comprennent le mieux : c'est la Paroisse, avec son Pasteur à la tête et son troupeau autour de lui, la Paroisse dont le chef non seulement s'intéresse aux *besoins spirituels* de ses enfants, mais même à leurs besoins temporels.

Hé bien, ce genre d'association est réalisé pour nos Bretons, et le succès montre à quel point ils l'ont apprécié. Fondée en effet, au *point de vue spirituel*, à Notre-Dame des Champs, durant le carême de 1897, organisée ensuite, au point de vue civil, en mai 1898, la *Paroisse bretonne* dont le siège est 9, rue de Bagneux, compte aujourd'hui 4 000 membres. Elle dispose d'un journal, la *Paroisse Bretonne* qui a 2 000 abonnés. Elle embrasse un nombre considérable d'œuvres, et sans cesse elle voit grandir la multitude de ses obligés. Pour un peu même, en présence de sa popularité sans cesse croissante, d'autres Sociétés, qui sont loin de nourrir envers elle des sentiments de confraternité chrétienne, lui voleraient son titre, à défaut de son âme, et, en attendant, accepteraient volontiers ses déchets.

Suffit-il toutefois d'une seule Paroisse Bretonne à Paris? Pourquoi pas six ou sept ? Une au centre et les autres à la périphérie. Est-ce trop pour 150 000 Bretons ? D'aucuns y ont songé: il faudra bien y venir. La nécessité y contraindra.

Un jour, à la tribune de la Chambre, M. l'abbé *Lemire* exposait les modifications profondes subies par l'Église de France, depuis les débuts du siècle. D'une part, des sanctuaires demeurés vides. Auprès du prêtre qui officie, plus un fidèle pour prier. C'est la solitude du désert. Tout autour, l'émigration a passé, emportant les hommes, tandis que l'incrédulité détruisait le dernier vestige de foi dans l'âme de ceux qui restaient. D'autre part, au contraire, dans les faubourgs de grandes villes, une population énorme de nouveaux venus, originaires, pour la plupart, de pays demeurés chrétiens, de la Savoie, de l'Auvergne, de la Flandre, de la Bretagne, ils végètent dans la misère, oubliés de tous, sans églises et sans pasteurs. A ces pauvres gens, un jour ou l'autre, il faudra bien aller. A chaque groupe provincial il faudra son église et son prêtre; il faudra parler le langage de là-bas. Le Breton surtout en éprouve un réel besoin; nul n'est plus chrétien, nul n'est plus particulariste que lui.

Cette vérité, le même abbé *Lemire* l'exposait devant les Associés de la Paroisse Bretonne dans leur salle de réunion, 229, boulevard Raspail, le dimanche 2 juillet 1899: « *Que faut-il entendre,* disait-il, *par ce mot de Paroisse ? c'est le groupe familial dans lequel se sont réunis des hommes de même race, de mêmes traditions, de mêmes coutumes, désireux de mettre en commun leurs aspirations, dans les liens d'une même solidarité.*

Les deux termes en sont au ciel et sur la terre : au ciel, grâce au culte rendu à un Patron commun, au Saint du pays; sur la terre, grâce à l'appui mutuel que se prêtent, en cas de nécessité, les membres de la communauté.

La Paroisse Bretonne, telle qu'elle existe en Bretagne, était-il possible de la transplanter ici intégralement avec toutes ses racines ? Non; ici en effet, rien du cadre formé par la nature, tel qu'il apparaît en Bretagne; bien différentes aussi sont les conditions de vie.

Il suffisait d'ailleurs de détacher, en quelque sorte, une parcelle d'âme de la Paroisse Bretonne originelle, pour produire des fruits féconds. Laissant de côté les particularismes trop étroits, vos organisateurs se sont bornés à conserver les idées générales et ils sont allés au vif de la question, telle qu'elle se pose à Paris.

Leurs compatriotes, ils les voyaient à l'état, de parias, sans travail et sans pain: ils les ont solidarisés, afin de leur procurer plus facilement de l'ouvrage. Ils leur ont facilité l'économie, les secours en cas de maladie à domicile et dans les hôpitaux; ils ont fait réduire à leur profit le prix des denrées.

Ils les ont réunis fréquemment et à date fixe pour leur permettre de se connaître et de se soutenir davantage. Ils leur ont parlé de Dieu, en faisant appel à leurs traditions nationales, en les convoquant à des Pardons au Sacré-Cœur, à Notre-Dame des Champs, à Sainte-Anne de la Maison Blanche. Ils leur ont montré, dans l'Église, le refuge et, dans le prêtre, le soutien naturel.

Oui, vraiment une grande œuvre a été accomplie; la Paroisse Bretonne de Notre-Dame des Champs, comme le chêne de votre pays, a des racines vivaces; vous ne ferez pas cependant que tous les Bretons de Paris puissent s'abriter sous son feuillage. Détachez-en des boutures, greffez-les sur divers points, et bientôt Paris s'enveloppera d'une ceinture de Paroisses Bretonnes, bientôt chacun de vos compatriotes saura où trouver asile et protection.»

Beau langage en vérité, puisse Dieu l'entendre et les Bretons aussi ! Le succès d'ailleurs est certain. Que manque-t-il en effet ?

Des fidèles? Voyez, plutôt ces fortes colonies de maraîchers, près de la Bastille, d'employés de chemins de fer près de la gare d'Ivry, de domestiques répandus partout; écoutez parler les gens dans tes rues de la Plaine Saint-Denis : vous vous croiriez en Basse-Bretagne. Certes non, ce n'est pas le troupeau qui fait défaut. Il a suffi que la Paroisse Bretonne ait lancé son appel. « *Venez à nous, compatriotes qui* cherchez un appui, notre Société veut être pour vous une providence, une famille, un refuge!» et la foule est accourue, toujours croissante. Manque-t-il des églises ? Non. A coup sûr, les curés de banlieue ne sont pas riches; nul doute pourtant qu'ils n'accordent la plus large hospitalité à des chrétiens qui viendraient les solliciter, au nom de Dieu.

La Paroisse Bretonne n'a-t-elle pas déjà trouvé l'occasion d'établir une succursale aujourd'hui prospère, sous le vocable de *Saint-Corentin*, au couvent des *Dames oratoriennes*, 14, boulevard d'Inkermann, à Neuilly ? Ce qui manque ? ce sont les pasteurs du troupeau. Prêtres de Bretagne, qui brûlez du désir de partir à la conquête des âmes vers les lointains pays, venez ici. La moisson est immense et déjà blanchissante. Ayez pitié des hommes de votre race dont la foi sombre dans cette atmosphère de corruption, de préjugés et d'irréligion.

C'est admirable sans doute de vouloir sacrifier sa vie pour les nègres d'Afrique; songez un peu aussi aux *nègres Bretons de Paris*.

Que devront apporter avec eux les prêtres de Bretagne? Deux choses indispensables pour réussir, deux qualités de race : la ténacité et la foi dans le succès.

A quoi s'attendront-ils ? Aux pires extrémités, à se voir condamner à mourir de faim, à recevoir des coups de fusil dans le dos des gens sur lesquels ils comptaient comme auxiliaires. Ils apprendront à tenir tête aux envieux et aux méchants. Ici, rien des procédés appris, des méthodes suivies au pays. Ils ouvriront leur histoire à la page consacrée aux moines convertisseurs de la primitive Église, et ils se mettront à l'œuvre. Il n'est plus question pour eux du prêtre à la sacristie ! Il s'agit de descendre sur la place publique. Le champ des initiatives du reste est largement ouvert.

Autour d'eux, les travailleurs, inexpérimentés, timides, incapables de soutenir à eux seuls la concurrence contre des ouvriers plus entreprenants : ils leur faciliteront l'accès de l'usine, des compagnies, des emplois. Autour d'eux des imprévoyants qui gaspillent leur argent à mesure qu'ils le gagnent : ils seront leurs économes et feront fructifier le petit trésor. — Autour d'eux des familles nombreuses où la misère entre par la grande porte, à mesure qu'augmente le nombre des enfants et que la maladie multiplie ses visites: ils s'occuperont de leur ménager à bon compte les conditions de vie, de leur donner le médecin à des prix modiques, d'amener au chevet des souffrants les riches de ce monde qui sauront les secourir et les consoler, au nom de Jésus-Christ.

Telle sera l'œuvre matérielle : elle aura pour objet de démontrer que le prêtre sait être un père, un intermédiaire indispensable. Rien de plus facile pour lui ensuite que de remplir sa mission divine, que de replanter la croix au fond de ces cœurs dont les préjugés auront fondu sous l'action de sa rayonnante bonté.

Et ce qui aura été réalisé à Paris, il faudra tenter de le réaliser sur d'autres points de la France où les colonies Bretonnes se sont agglomérées. Ces points sont innombrables : *Saint-Denis* où l'on compte 12000 Bretons, *Versailles* où il y en a 5 à 6000, le *Havre*, où il y en a 12000, *Trélazè*, près d'Angers, où ils sont 7000, *Toulon* où on les évalue à 6000 et tant d'autres endroits des environs de Paris comme *Saint-Chéron* et la *Plaine Saint-Denis* dont la population entière est bretonne.

Sans doute il y a bien des aumôniers Bretons au Havre et à Trélazé, mais même dans ces milieux c'est toujours la méthode ancienne qui est pratiquée, méthode qui se borne simplement aux fonctions du ministère sacré. Le Breton exilé demande davantage à « son » prêtre. Il ne voit pas seulement en lui un *fonctionnaire sacré*, il y voit un tuteur, un guide, un défenseur, et il faut qu'il le soit.

Que nos prêtres entrent donc résolument dans cette voie pratique. Leur initiation sera vite achevée et leur influence n'en sera que plus grande. Qu'ils s'efforcent ensuite de réaliser l'union des colonies Bretonnes, en les fédérant pour ainsi dire entre elles et avec la Bretagne, au moyen du journal, et en établissant ensuite de part et d'autre un échange de bons offices. Leur œuvre sera vraiment méritoire alors.

Allons, prêtres de Bretagne, notre pays est riche de vocations sacerdotales et vous êtes trop nombreux là-bas. Vos évêques ont peine à vous placer. Suivez donc vos compatriotes. N'est-ce pas du reste votre devoir dans une certaine mesure ? Venez à Paris ou allez aux colonies Bretonnes, partout où il en existe. Celui qui écrit ces lignes vous aidera de toutes ses forces, ne connaissant que trop les difficultés de la tâche. Venez extirper l'ivraie que *l'homme ennemi* a jetée parmi les nôtres! venez les protéger contre l'irréligion, l'immoralité, l'alcoolisme et sa conséquence, la tuberculose ! Vous travaillerez, vous souffrirez, vous répandrez vos sueurs le long du sillon. D'autres arriveront ensuite qui moissonneront. Dieu se charge de la récompense. Venez, et à votre tour vous rendrez un service signalé à la noble Bretagne, notre mère, dont le passé fut si beau, dont les mérites actuels sont encore si grands, mais aussi dont les dangers sont si pressants qu'on commence à douter de son avenir. Venez, et nos évêques de Bretagne, qui, au mois d'octobre dernier

1901, prenaient solennellement la Paroisse Bretonne de Paris sous leur protection, vous béniront et vous aideront !

TABLE DES MATIÈRES

****

PRÉSENTATION IV
PRÉFACE V

PREMIÈRE PARTIE

La Bretagne dans le passé. – La race et son histoire

Chapitre premier - Les Bretons et leur famille - la famille Celtique 7
Chapitre II - Les Bretons et leurs frères les Gallois 12
Chapitre III - Les Bretons à travers l'histoire 17

DEUXIÈME PARTIE

La Bretagne chez elle, dans les temps actuels. —Les services qu'elle rend, les dangers qu'elle court.

Chapitre premier - Les services rendus par les Bretons à notre époque 22
Chapitre II - Les dangers que courent les Bretons : le danger pour la foi 28
Chapitre III - Les dangers que courent les Bretons : le danger pour la langue 33
Chapitre IV - Les dangers que courent les Bretons : le danger pour le costume 40
Chapitre V - Les dangers que courent les Bretons : l'alcoolisme 45

TROISIÈME PARTIE

Les Bretons hors de Bretagne

Chapitre premier - Les origines de l'Émigration ……............... 50
Chapitre II - Les conséquences de l'Émigration : l'immoralité des Bretons à Paris…………………………………………….... 55
Chapitre III - Les conséquences de l'Émigration : la tuberculose …………………………………………………….. 59
Chapitre IV - Les remèdes à l'Émigration; fondation de Paroisses Bretonnes. Conclusion ……………………............... 63
TABLE DES MATIÈRES …………………………………….. 69

ICONOGRAPHIE

****

C.P. ou Autre	Légende	Éditeur	Page
Photo	Charles Ier d'Angleterre	Tableau de Van Dyk	10
Photo	Fontaine de Baranton	/	11
Dessin	Owen Glendower	/	13
Dessin	Général Cambronne	/	14
C.P.	Carte de Bretagne	/	17
Tableau	Saint Houardon	Yann d'Argent	22
C.P.	Enfants d'un marin pêcheur de Penmach	/	25
C.P.	Trémel	/	30
Dessin	Haute Bretagne – Basse Bretagne	/	35
/	Extrait d'un dictionnaire Breton - Français	/	36
Photo	Affiche apposée dans les écoles appelant les élèves à ne pas s'exprimer en breton	/	38
Photo	Costume d'homme – Robe de femme – Robe de femme bigouden	/	40
C.P.	Un *Bragon Braz* des environs de Douarnenez	PAD	42
C.P.	Saint-Ave – Costumes Vannetais	/	44
C.P.	Le Cidre en Bretagne	E.D.	46
C.P.	Paysan Breton éleveur de porcs	E.D.	51
C.P.	Vieux Paysan Breton	Villard	53
C.P.	Les Bretons à Paris (Tableau)	Paulette de la Mer	61
C.P.	La Bretagne	/	74
C.P.	Calvaire	/	74
C.P.	La Côte d'Émeraude	/	75

SOCIÉTÉ

DE LA

PAROISSE BRETONNE
****

SIÈGE SOCIAL

9, RUE DE BAGNEUX

But — Membres — Conditions

BUT. — La *Paroisse Bretonne* se propose d'unir tous les Bretons de Paris entre eux et de favoriser les relations entre eux et les Bretons de province; de les aider dans la recherche de leurs intérêts religieux et matériels.

MEMBRES. — Elle s'étend à toutes les classes, aux Dames comme aux Messieurs, en dehors de toute question politique.
Elle comprend: 1° une section *d'Ouvriers et de Domestiques*; 2° une section de *Messieurs et de Dames associés*; 3° une section de *Dames patronnesses et de Bienfaiteurs*.
A la tête, il y a un Directeur, un comité de Messieurs et un comité de Dames. Le siège social est 9, rue de Bagneux.

CONDITIONS. — Pour être admis, il faut: 1° être Breton, ou avoir épousé une Bretonne, ou être fils de Breton. Il y a une exception, en faveur des Dames patronnesses qui paient la cotisation annuelle.

Il faut: 2° pour les Ouvriers et Domestiques, justifier d'un emploi, au moment de la présentation; avoir assisté à 3 réunions et être agréé par le Directeur.

Il faut: 3° payer, le jour de l'admission, 1 fr. de droit d'entrée, verser 0,15 pour les hommes, 0,10 pour les femmes à chaque réunion mensuelle, prendre l'abonnement du journal *La Paroisse Bretonne* et la *décoration* de la Société.

Pour les *Dames associées*, elles doivent aussi être Bretonnes ou épouses de Bretons, assister aux réunions, verser le droit d'entrée de 1fr. plus une cotisation annuelle de 3 à 5 fr., prendre le journal et l'Insigne.

Les *Dames Patronnesses* peuvent être choisies en dehors de la Bretagne, ainsi que les membres bienfaiteurs. Pour cela elles doivent verser une cotisation annuelle minimum de 10 fr., s'abonner au journal et prendre l'insigne.

Les réunions des *Messieurs et des Dames associées* ont lieu 229, boulevard Raspail, le 1er dimanche du mois à 3 heures. Les Sociétaires peuvent y amener leurs amis.

Les réunions des *Domestiques femmes* ont lieu le 2ème dimanche du mois, à 3 heures, dans la crypte de Notre-Dame des Champs.

Les réunions des *Dames patronnesses* ont lieu au Siège Social, 9, rue de Bagneux, le 3ème jeudi à 10 heures.

Les réunions de la section Saint-Corentin ont lieu à Neuilly, 14, boulevard d'Inkermann, à Neuilly, le 3ème dimanche, à 3 heures.

Annuellement il y a deux grands *Pardons* : l'un à Notre-Dame des Champs, l'autre à Sainte-Anne de la Maison Blanche, pendant l'été.

Calvaire – L'un des plus ancien de Bretagne

La Côte d'Émeraude

© 2012, Jean-Paul Kurtz
Edition : BoD - Books on Demand, 12/14 rond-Point Champs-Elysées 75008 PARIS France
Impression : BoD - Books on Demand, Norderstedt, Allemagne
ISBN : 978-2-8106-2392-1
Dépôt légal : novembre 2012